Inhalt

Grenzen. Zur Einführung

von Roger Mielke

Dann ginge es um die Frage, ob Grenzen überhaupt zu rechtfertigen sind.

Was vor drei Jahrzehnten noch am Rand der Gesellschaft stand, ist zur Mitte geworden.

Grenzüberschreitung ist die Leidenschaft unserer Zeit. Als erstes denken wir natürlich an die große Migrationsbewegung der letzten Jahre. Nach Ansicht mancher ist dies erst ein Vorspiel für noch viel umfassendere Wanderungsbewegungen. Aber vielleicht sind diese Grenzüberschreitungen von Millionen von Menschen auf der Suche nach Schutz und nach einem besseren Leben auch ein sozial und politisch besonders folgenreiches Anzeichen für tieferliegende Veränderungen in den vergangenen Jahrzehnten. Dann ginge es um die Frage, ob Grenzen überhaupt zu rechtfertigen sind. Grenzen, so die Unterstellung, schließen aus, trennen, beschädigen das Leben, das aus eigenem Recht in ständiger Bewegung begriffen ist. Damit sind dann nicht nur die Grenzen auf der Landkarte gemeint, sondern etwa auch diejenigen zwischen Geschlechtern, Religionen, Klassen oder sozialen Schichten, Ökonomien.

Die Logik der Grenzüberschreitung zeigt sich dann an einer Tendenz, die seit etwa drei Jahrzehnten die soziale Wirklichkeit ebenso grundlegend verändert hat, wie sie selbst schon Ausdruck von tiefgreifenden Mentalitätsverschiebungen ist: Ich meine die steile Karriere des Konzepts der »Inklusion«. Ursprünglich wurde »Inklusion« als Gesamtbegriff für die Bemühungen verstanden, die körperlich, geistig und seelisch beeinträchtigten Menschen gesellschaftliche Teilhabe ermöglichen sollten. Diese Zielsetzung wurde Schritt für Schritt ausgeweitet hin zum Ideal einer grundsätzlichen und gleichberechtigten Teilhabe aller diskriminierten und benachteiligten Gruppen. Damit wuchs der Kreis der zu »inkludierenden« Personen mehr und mehr. Es geht heute um zugewanderte Menschen, ebenso wie um Personen mit geschlechtlichen Orientierungen, die von denen der Mehrheitsgesellschaft abweichen. Damit verschiebt sich das Koordinatensystem des sozialen Lebens: Was vor drei Jahrzehnten noch am Rand der Gesellschaft stand, ist zur Mitte geworden. Der Historiker Andreas Rödder schreibt dazu: »Im Fall der Kultur der Inklusion gerieten traditionelle Ordnungsvorstellungen und Lebensformen an den diskursiven und normativen Rand.« Hand in Hand damit ging eine eigentümliche Verschiebung im Verständnis dessen, was man bis vor kurzem für »Wirklichkeit« hielt. In einem »konstruktivistischen« Verständnis sind die Erscheinungen des sozialen Lebens durch und durch von gesellschaftlichen Machtverhältnissen bestimmt. Sie sind von den natürlichen Lebensbedingungen entkoppelt, Produkt menschlicher Setzungen und auch grundsätzlich und im Ganzen, so sagt man, offen für Neudefinitionen.

Am populärsten und langfristig vermutlich am folgenreichsten wurde dieser Zugang in der Frage der Geschlechterdifferenz: Mann und Frau seien keine »naturgegebenen« Kategorien, sondern angewiesen auf ständige (»performative«) Erzeugung durch Körperpraktiken und Ideologien. Geschlechtliche Identität und sexuelle Orientierung gelte es nun zu befreien aus dem Korsett gesellschaftlich bedingter Festlegungen, sie werden zum Gegenstand einer Wahl und werden sich auch im Lebenslauf durch »Neuwahl« verändern können.

Auch in den Grundbegriffen des politischen Lebens haben sich die Wertungen verändert: Die Nationalstaaten, seit dem frühen 19. Jahrhundert das wesentliche und bis heute dominierende Ordnungsmodell des Politischen, geraten in Legitimationsnöte. Die Staatsbildungsprozesse des 19. Jahrhunderts erscheinen als »Imaginationen« (Benedict Anderson), Nationen und ihre Kulturen seien »erfunden« und können, so die praktisch politische Konsequenz, umstandslos durch andere Ordnungen ersetzt werden. Als Anker des sozialen und politischen Lebens bleiben die »Rechte« der Individuen, fundamental das »Recht, Rechte zu haben« – ungeachtet der Problematik, dass in einer Welt, in der alles zur Imagination geworden ist, die Menschenrechte nur diesen sicheren Anker bieten können, wenn sie konsequent naturrechtlich verstanden werden und damit unbeliebt sind. Aber auch in theologischer Hinsicht sind diese Anker längst ins Rutschen gekommen: Theologien, die sich von der Wirklichkeit Gottes verabschiedet haben; Theologien, die Religion als Deutungshandeln des Subjekts verstehen; Theologien, für die »das Absolute« nur mehr Chiffre der anthropologischen Grunderfahrung ist, dass sich niemand selbst geboren und gezeugt hat. Notabene: Mit den drei oben aufgerufenen Feldern, der Geschlechtlichkeit, des Politischen und des Glaubens, sind die drei Grundordnungen menschlichen Lebens berührt, wie sie die alte Theologie in der Dreiständelehre beschrieben hat: Oikonomia, Politia, Ecclesia; oder simpler: Familie, Staat, Kirche. Die Leidenschaft zur Entgrenzung geht einher mit tiefgehenden Beschädigungen der grundlegenden Institutionen, auf die gelingendes Leben angewiesen ist.

Diese Überlegungen sollen allerdings, um dieses Missverständnis direkt auszuräumen, nicht den Irrtum aufkommen lassen, man könne den destruktiven Begleiterscheinungen dieser Tendenz zur Grenzüberschreitung durch bloße Rückwendung zu vergangenen Lebensformen begegnen. Die Flucht in einen behä-

Die Leidenschaft zur Entgrenzung geht einher mit tiefgehenden Beschädigungen der grundlegenden Institutionen, auf die gelingendes Leben angewiesen ist.

bigen Traditionalismus ist uns in jeder Hinsicht versagt. Mit Blick auf unsere geistlichen Gemeinschaften: Es ist wichtig, sich dieser uns so naheliegenden Flucht in den schönen Schein zu widersetzen.

Ebenso wenig kann es darum gehen, nun die Bewahrung von Grenzen einzuschärfen und – paradox genug – die »Grenze« als solche zum Unterscheidungsmerkmal zu erklären. Hinsichtlich der politisch so bewegenden Frage des Umgangs mit geflüchteten Menschen liegt es auf der Hand: Wir stehen in der Verantwortung, gerade als Christen und als Kirchen. Dieser Verantwortung werden wir durch Stacheldrahtzäune an den Grenzen genau so wenig gerecht wie durch »No Border« und die Proklamation eines individuellen Grundrechts auf Einwanderung.

Machen wir es uns theologisch deutlich: Die innere Mitte des christlichen Glaubens ist eine Grenzüberschreitung! Der ewige und lebendige Gott hat in Jesus Christus die Grenze zwischen Schöpfer und Geschöpf überschritten. Er ist in Jesus der Unsere geworden, um »uns«, will sagen das Menschengeschlecht, im Heiligen Geist durch den Sohn heimzuholen in die ewige Gemeinschaft mit dem Vater. So hat Er uns berufen, Anteil zu bekommen an der Fülle der Wirklichkeit, an Seinem dreieinigen Leben. Das Leben der Christen wird selbst »Grenzüberschreitung« in einem sehr speziellen Sinn sein: Unter Führung des Geistes Gottes wird der »alte Mensch« sterben, damit der »neue Mensch« lebt (Röm 6,6; Eph 4,22-24). Dies markiert einen spannungsvollen Prozess der lebenslangen Gestaltverwandlung, und genaue dies ist in der Berneuchener Tradition der »geistliche Pfad«. Diese Grenzüberschreitung führt dann aber dahin, dass wir nur umso tiefer diejenigen werden, die wir sind – und lernen, »wie Geschöpfe leben« (so der Titel der großen Ethik von Hans G. Ulrich).

Wir leben also unausweichlich in einer Zeit unscharfer und sich auflösender Grenzen. Mit dem Charisma der »Unterscheidung der Geister« (discretio spirituum nach 1. Kor 12,10 und 1. Joh 4,1-6) gilt es zu prüfen, welche Grenzen – sine vi sed verbo – verteidigt werden müssen und wo uns in neuer Weise Grenzüberschreitungen abverlangt werden, ja, wo diese Grenzüberschreitungen geistlich notwendig und geboten sind. Wir brauchen ja als Geschöpfe beides: Struktur und Prozess, Beheimatung und Wanderschaft – oder in Grundmetaphern der Bibel: Der Glaube ist Haus und Weg.

Die Beiträge dieses Heftes möchten dabei helfen, den Bedeutungsraum der Grenze auszumessen, die Erfahrungen anderer wahrzunehmen, um in Zustimmung und Widerspruch den eigenen Weg, denjenigen unserer Gemeinschaften und den der Kirche, zu finden. Die Beiträge setzen zum Teil auch sozialethische Schwerpunkte. Ich denke, es tut den Berneuchener Gemeinschaften und den ihnen verbundenen Christenmenschen gut, sich dieser Dimension der »Diakonia« zuzuwenden. Die Positionen der Beiträge decken eine weite Spanne ab, stehen vielleicht gar in einzelnen Fragen im Gegensatz zueinander: Ich denke etwa an die Beiträge von Johannes Halmen und Horst Scheffler, lutherischer Pfarrer in Siebenbürgen der eine, Dekan in der Evangelischen Seelsorge in der Bundeswehr der andere. Zur Selbstverständigung im geduldigen Hören und langmütigen Austausch aber brauchen wir genau diese Spannung – so meine Erfahrung, mein Wunsch und meine Erwartung.

Margrit Dürring (1939 bis 2017)

Aufgenommen/
… wenn das kind kein kind mehr ist/
wird es zusammengesucht aus allen Winkeln/
in die es sich verkroch … //
Die Wände sind verschiebbar …
sie sind aufgenommen

Christamaria Schröter

von Florian Herrmann

Margrit Dürring

Margrit Dürring ist gestorben. Die Berneuchener Gemeinschaften verlieren mit ihr eine tragende und prägende Frau.

In ihrer Jugend ist Margrit Dürring zum Berneuchener Dienst gekommen und hineingewachsen in seine Spiritualität. Als junge Frau mit fast 24 Jahren wurde sie als Verpflichtete in den Berneuchener Dienst aufgenommen. Sie ließ sich von ihm prägen und hat ihn mitgeprägt.

Viel Zeit und Energie und Freude steckte sie in den letzten Jahrzehnten in den Dienst an der Kirche und an den Schwestern und Brüdern: als Prädikantin, als Pfarrfrau, als Synodale ihrer Landeskirche, zehn Jahre als Schriftleiterin der »Mitteilungen« des Berneuchener Dienstes, vor allem aber als stille, aufmerksame Gesprächspartnerin und Seelsorgerin.

Ich bin die Auferstehung und das Leben.

Wer an mich glaubt,
der wird leben,
auch wenn er stirbt;
und wer da lebt und
JOH 11,25 glaubt an mich, der
wird nimmermehr sterben.

und 8|2010

Von Sommer 2008 bis Ende 2016 hat Margrit Dürring in der Redaktion von Quatember mitgewirkt – 34 Hefte hat sie mitgestaltet, zunächst gemeinsam mit Horst Folkers und Holger Eschmann, zuletzt mit Florian Herrmann.

Worte genügen kaum, um zu beschreiben, was diese Zeitschrift ihr verdankt – ihrer Sorgfalt, ihrer Hilfsbereitschaft, ihrem Sinn für das Schöne, ihrem Realitätssinn. Selber schrieb sie wohl nur hin und wieder (2011, S. 233; 2014, S. 242; 2015, S. 228); immer wieder bereicherte sie ein Heft mit ihren Kalligraphien. Aber jede Ausgabe begleitete sie als kundige Ideen-Finderin und gründliche Korrekturleserin mit scharfem Blick für die Lesbarkeit und geistliche Tragkraft der Beiträge und die Gestaltung der Hefte.

Erst recht genügen kaum Worte, um zu erfassen, was Margrit Dürring ihren Freunden bedeutet hat: mit ihrer Feinfühligkeit, ihrer Treue, ihrer Gastfreundschaft, ihrer Fürbitte – als eine geschwisterliche und mütterliche Freundin. In welchen finstern Tälern und welchen Glücksmomenten ihre Lebenserfahrung ihre Tiefe und Reife gewonnen hat – das hat sie eher angedeutet als erzählt.

Im Herbst 2016 wurde Margrit Dürring krank. Die Behandlung ihres Krebsleidens brauchte ihre ganze Kraft und hat sie durch Hoffnungsmomente und schwere Trübsal geführt. Sie erlebte diese Zeit auch als einen inneren Weg. Alle Anteilnahme von Freunden hat ihr in diesen Monaten viel bedeutet. Ein Krankenhaus-Termin, den sie frohgemut antrat, hat sie schließlich binnen eines Tages an die Schwelle des Todes geführt. Am 25. Juni 2017, am Sonntagmorgen, am Morgen der Auferstehung, ist Margrit Dürring gestorben.

Askese

von Hartmut Löwe

1. Fasten ist mittlerweile auch für evangelische Ohren nicht mehr nur negativ besetzt. Beim Wort Askese ist das noch anders. Da vermutet der durchschnittliche Protestant freudloses Leben, Verrat der guten Gaben der Schöpfung, Werkgerechtigkeit. Dabei hat das Wort zunächst eine ganz und gar neutrale Bedeutung. Askein heißt üben, ausbilden, askesis wie auch askema Übung, Einübung, Pflege. Das Wort findet Verwendung beim Sportler und Handwerker, also bei Tätigkeiten, die gelernt, geübt werden müssen. Aus diesem Umfeld hat es auch in die religiöse Sprache der Christen Eingang gefunden. Der Apostel Paulus schreibt im ersten Brief an die Korinther:

»Wisst ihr nicht, dass die, die in der Kampfbahn laufen, die laufen alle, aber einer empfängt den Siegespreis? Lauft so, dass ihr ihn erlangt. Jeder aber, der kämpft, enthält sich aller Dinge; jene nun, damit sie einen vergänglichen Kranz empfangen, wir aber einen unvergänglichen. Ich aber laufe nicht wie aufs Ungewisse; ich kämpfe mit der Faust, nicht wie einer, der in die Luft schlägt, sondern ich bezwinge meinen Leib und zähme ihn, damit ich nicht andern predige und selbst verwerflich werde.« (1. Kor 9,24–27)

Der Christ lebt nicht wie jedermann und jedefrau in den Tag hinein. Er hat ein Ziel vor Augen.

Angewendet auf den (Lebens-)Lauf des Christen heißt das: Der Christ lebt nicht wie jedermann und jedefrau in den Tag hinein. Er hat ein Ziel vor Augen. Um das zu erreichen, strengt er sich an, übt er Verzicht, entsagt er mancher Bequemlichkeit, kämpft (vor allem mit sich selbst). Verzicht übt er nicht um des Verzichtes willen, er entsagt nicht aus Überdruss an den guten Gaben der Schöpfung. Christliche Askese ist ausgerichtet auf das Reich Gottes, das ewige Leben als Ziel und Essenz des irdischen Lebens. Der christliche Asket folgt seinem Herrn Jesus Christus nach, richtet sich am Beispiel Jesu und der Apostel aus.

Das Gegenteil von Askese ist Laster. Der durchschnittliche Zeitgenosse orientiert sich in seiner Lebensführung am Mittleren, er meidet die Ausschläge nach oben und nach unten, zum Laster und zur Askese.

2. Bis jetzt ist das alles ziemlich trivial, gibt es keinen Grund zum Widerspruch. Der tritt erst auf, wenn es konkret wird. Wir erinnern uns an die Geschichte von dem jungen Mann, der fragt, wie er das ewige Leben gewinnen kann. Jesus ruft ihm ins Gedächtnis, was er kennt, die zehn Gebote. Dann aber überbietet er die Verpflichtung auf die Tora durch die Forderung:

»Willst du vollkommen sein, so gehe hin, verkaufe, was du hast, und gib's den Armen, so wirst du einen Schatz im Himmel haben; und komm und folge mir nach.« (Mt 19,21)

Eine Forderung an jeden, der in Jesu Nähe kam, war das nicht. Aber für den engsten Kreis der Jünger galt offenbar diese strenge Verpflichtung auf die Lebensform des Meisters.

Askese ist also nicht schon der – zeitweise oder generelle – Verzicht auf Alkohol, Fleisch, Süßigkeiten, Lustbarkeiten. Das alles kann nützlich sein. Durch die Aktion »Sieben Wochen ohne« haben solche Empfehlungen in den letzten Jahren breite Zustimmung in der Bevölkerung über die Zahl der Christen hinaus gefunden. Sie sind das Gegenzeichen einer am Konsum erstickenden Wohlstandsgesellschaft. Sie werden praktiziert mit dem Ziel, nicht abhängig zu werden von Alkohol und Nikotin, jedwedem Luxus. Sie dienen einem selbstbestimmten Leben, wehren den vielen Abhängigkeiten, schaffen Spielräume für mehr Freiheit. Sie helfen, über eine äußere auch eine innere Ordnung zu finden.

3. Askese jedoch beginnt erst dort, wo der Verzicht schwerfällt. Wo wir etwas drangeben, ohne das wir meinen, nur schwer oder gar nicht leben zu können. Zum Beispiel: einer großen Leidenschaft entsagen. Eine tiefe Hoffnung fahren lassen. Aushalten in Umständen, die mühsam, kaum erträglich sind. Also nicht eine eingegangene Bindung aufgeben und sich, weil das mehr Glück verheißt, neu orientieren, dieweil man ja – so drückte es ein früherer Bundeskanzler aus, als er seine zweite Frau verließ und mit einem jungen Blut nach Unkel zog – »nur ein Leben hat«.

Der Christ kennt mehr als nur dieses Leben. Der Spruch »man lebt nur einmal« ist tief heidnisch.

Ich wiederhole und unterstreiche: Askese übt der Christ nicht, weil er Gottes gute Schöpfung verachtet. Vielmehr folgt er Gottes Gebot, wie es Luther im Kleinen Katechismus erläutert: Er will Gott über alle Dinge fürchten, lieben und vertrauen.

Teresa von Avila sagt das so:

> *Nichts sei dir Trübung,*
> *nichts dir Erschrecken.*
> *Alles verflüchtigt,*
> *nicht wandelt sich Gott.*
> *Wer Gott nicht loslässt,*
> *kennt kein Entbehren.*
> *Gott nur genügt.*

4. Klassischer Inhalt christlicher Askese sind die sog. Evangelischen Räte: Armut, Keuschheit, Gehorsam, mit anderen Worten: der Verzicht auf Besitz, ausgeübte Sexualität, den eigenen Willen.

Die Reformation hat hier energisch widersprochen. Man könne nicht aufgeben, was allererst die Mittel zum Leben bereitstelle. Auf Sexualität zu verzichten, sei wider die Natur. Den eigenen Willen an den eines anderen abzugeben, beschädige die Selbstbestimmung, sei Heteronomie.

Ein bürgerlich domestiziertes Christentum kann nicht der letzte Sinn der Botschaft Jesu sein.

Seitdem es wieder evangelische Kommunitäten wie die Brüder in Taizé oder die Schwestern auf dem Schwanberg gibt, hat ein Umdenken begonnen, sind wir mit dem Widerspruch vorsichtiger geworden. Ein bürgerlich domestiziertes Christentum kann nicht der letzte Sinn der Botschaft Jesu sein. Das Leben eines Franz von Assisi, das Beispiel einer Elisabeth von Thüringen, in unserer Zeit Mutter Teresa in Kalkutta machen vielen Eindruck. Offenbar kann der Verzicht auf eheliches Leben, die Ablehnung von Reichtum und Besitz, der Verzicht auf die Behauptung des eigenen Willens sinnvoll sein – für den Einzelnen zuerst, aber noch mehr für die größere Gemeinschaft, die Bevölkerung einer Region, die Kirche. Eines schickt sich nicht für alle. In der Kirche ist Platz für unterschiedliche Lebensformen, sofern sie Gott dienen und den Mitmenschen.

Allerdings wird es fatal, wenn die innere Zustimmung zu solcher Askese fehlt. Dann rächt sich der Verzicht, die Psychoanalyse Freuds hat das an den Tag gebracht, und führt zu Ersatzhandlungen, schafft sich Kompensationen. Nach oben ist man folgsam, um gegenüber Untergebenen umso zügelloser zu herrschen. Auf die Ehe verzichtet man und schafft sich unerträgliche Auswege wie die Pädophilie. Selbst lebt man ohne Besitz, um der Gemeinschaft, der man angehört, umso skrupelloser zu Reichtum zu verhelfen. Die von der Natur eingestifteten Triebe wird man nicht so leicht los. Die List der Triebe sucht sich Auswege, Kompensationen. Das aber kann nicht Sinn und Ziel der Askese sein.

5. Der Christ freilich ist nicht nur definiert durch seine Natur. Der Christ lebt mehr als nur sein natürliches Leben. Um geistliche Ziele zu erreichen, setzt er natürliche an den zweiten Platz. Um das ewige Leben zu gewinnen, kann er – woran der reiche Jüngling scheiterte – die Verlockungen des irdischen hintansetzen. Bei den Männern und Frauen des 20. Juli wuchs die Bereitschaft, einem Verbrecher das Handwerk zu legen und das eigene Leben zu opfern, aus der Gewissheit, dass es mehr gibt als dieses irdische Leben.

Askese verachtet nicht Gottes gute Schöpfung. Aber sie weckt die Bereitschaft, das irdische Leben aufzehren zu lassen, mit Jesus Christus real zu sterben, wie es sakramental in der Taufe bereits geschehen ist (Röm 6,1–11).

Askese in diesem radikalen Sinn ist »Vorlaufen zum Tode« (Heidegger), Einübung ins Sterben, Aufgang des ewigen Lebens, Verlassen der Welt, weil man des Himmels gewiss ist.

Wer in diesem Sinne Askese praktiziert, geht den Weg nach unten, wie ihn Jesus Christus nach dem Hymnus im Brief an die Philipper gegangen ist:

> »…
>
> *Er, der in göttlicher Gestalt war*
> *hielt es nicht für einen Raub, Gott gleich zu sein,*
> *sondern entäußerte sich selbst …*
>
> …
>
> *Er erniedrigte sich selbst*
> *und ward gehorsam bis zum Tode …*
> *… (2,5–11)«*

Askese ist Einübung der Hingabe an den souveränen, unverfügbaren Gott, Teilhabe am Sterben Jesu Christi.

Askese, radikal und christlich verstanden, ist solche Entäußerung, frei gewählter Abstieg, Nachahmung der kenosis (Erniedrigung) Jesu Christi, weg aus der Höhe des Lebens hinein in die Niederungen, Einübung der Hingabe an den souveränen, unverfügbaren Gott, Teilhabe am Sterben Jesu Christi.

6. Auf diese Radikalität christlicher Askese kann niemand verpflichtet werden. Niemand soll sie vom anderen fordern. Aber sie darf in der Christenheit nicht vergessen werden als eine Möglichkeit der Nachfolge, die nicht verachtet und als überholt abgetan werden darf. Es mag ja auch sein, dass dem einen oder der anderen im Leben Verzichte abverlangt werden, die sie sich jetzt noch gar nicht vorstellen können. Der Weg des Christen ist jedenfalls nicht immer der einfachere, sondern oft genug der schwerere, der etwas kostet, der nicht billig zu haben ist.

Auf jeden Fall freunden sich die Christen wieder, ob aus katholischem oder evangelischem Herkommen, in den klassischen Fastenzeiten des Kirchenjahres mit kleineren oder größeren Verzichten an, sagen Gewohnheiten adé, die sie abhängig machen, suchen über die Befolgung einer äußeren Ordnung eine innere. Sie bleiben dankbar für Gottes schöne Welt, aber üben sich ein in die Zeit, in der sie sie einmal, früher oder später, verlassen müssen.

Hartmut Löwe (*1935) ist Pfarrer und war zuletzt Bevollmächtigter des Rates der EKD bei der Bundesrepublik Deutschland und Militärbischof. Er lebt in Bonn.

Mitte und Grenzen der Kirche

Reformation 2017 – von Siebenbürgen aus skizziert

von Johannes Halmen

> *»Ewig und unveränderlich ist nur der Wille Gottes, der sich nicht mit wechselndem Entschluß ändert, und dieser ist in den beiden Testamenten ganz klar offenbart, damit wir wissen und unser gewiß sind, was zu glauben und was zu tun ist, daß wir nicht durch unzählige Lehren und verschiedene Meinungen in Zweifel geraten, hin und hergetrieben werden ...«*
>
> Johannes Honterus (1498–1549),
> Reformator in Kronstadt/Siebenbürgen

Eine starke innere Bezogenheit auf die mitteleuropäische geistige Welt, aber auch Fremdheit ihr gegenüber, zumindest ein wehes wie klares Wissen um das Anderssein: beides prägt das Bewusstsein der Siebenbürger Sachsen, die sich über schier tausend Jahre außerhalb deutscher Grenzen eine eigene christlich-nachbarschaftlich geordnete Lebensart, zugleich aber auch mit großer Normalität die deutsche Kirchen- und Amtssprache bewahrt haben. »Wieviel Deutsch muss Rumänien eigentlich immer noch haben?« fragt mich ein deutscher Bruder. Und ich antworte: Müssen? Überhaupt nicht. Wir dürfen! Darum schreibe ich in meinem bestmöglichen Deutsch, für alle, die das lesen mögen: Gruß und Segen zuvor!

Skizze einer Identität

Im Jahre 1000 schenkt der neugetaufte arpadische Fürst Stefan I. seinem jungen Staat Ungarn den Bischof von Rom und empfängt als Gegengabe die Königswürde. Frisch verheiratet mit Gisela, der Tochter des Herzogs von Bayern, macht er mit seinem Glauben ernst: Er bringt deutsche Missionare ins Land und ordnet sein Volk und die Kirche. Und er bringt erste deutsche Siedler, kann man dem Historiker Dr. Michael Kroner glauben, sogar bis ins Transsilvanische Erzgebirge, bereits im Jahre seiner Krönung. Noch im Mittelalter wird es im ungarischen Königshaus lauten: *»Wir bauen unseren Staat, die Deutschen bauen unsere Städte.«* Den Siedlern bringt diese Politik Rechtssicherheit und Privilegien, dem Staat bringt es Grenzsicherung im Osten und wirtschaftliche Stabilität. Was Wunder, wenn eine königstreue sächsische Gemeinschaft, 500 Jahre danach, dem heiliggesprochenen König

Stefan ihre neue Kirche weiht? So geschehen in unserer Gemeinde Keisd, heute in der Landessprache Saschiz (lies: ßaßkis), ungarisch Szaszkezd, was soviel bedeutet wie »Sächsische (schützende) Hand«. Spannend: Der Kirchenbau fällt in eine Zeit siebenbürgisch-kriegerischer und zugleich kirchlich-reformatorischer Auseinandersetzungen. Doch schon ein Jahr nach der Weihe unserer Kirche, 1526, geht das Königreich Ungarn buchstäblich unter: Süleyman »der Prächtige«, das Vorbild von Recep Erdogan, schlägt bei Mohacs das ungarische Heer und bringt König und Regierung um. In die Zeit der Schmach der nächsten 160 Jahre unter türkischer Besetzung aber ereignet sich immerhin die Reformation, und in Siebenbürgen installiert sich Toleranz: freie Religionsausübung für alle Konfessionen. Bis 1686, als das »hölzerne türkische Joch« abgelöst wird durch das »eiserne (sprich: römisch-katholische) Joch« der Habsburger. Doch bleiben wir zunächst in unserer Gemeinde Keisd – sie ist heute meine Hauptgemeinde – im Jahrhundert der Reformation.

Skizze einer Geschichte

Die erste urkundliche Nennung findet die Landgemeinde Keisd im Jahre 1309, bald darauf als »oppidum«, als »königlicher freier Markt« bezeichnet, mit sage und schreibe sieben Kirchen, Klöstern und Kapellen sowie mit einer funktionierenden Fliehburg, die im Jahr 1347 befestigt und worin Matthias Corvinus Rex– der König der Glanzzeit Ungarns (er residierte sogar in Wien) am 4.XI.1467 beherbergt wurde. Keisd ist etwa im Jahr 1488, gemäß der damaligen Volkzählung, mit 209 Wirten der zweitgrößte Ort des Schässburger Stuhles, jedoch nimmt die Bevölkerung innerhalb der nächsten Jahre, am Vorabend der Reformation, schmerzlich ab, und zwar bis auf 180 Wirte: Türkeneinfälle, Brandschatzung, Pest. Ausdrücklich wird in dieser Zählung ein Schulmeister angeführt! Neben dem ländlichen Leben gibt es in Keisd eine Reihe von Zünften, etwa den Kürschner, Schneider, Schuster und Fassbinder. Das trägt nicht nur zum Wohlstand, sondern auch zu einem regen Austausch von Fachwissen bei. Von ihren Wanderungen bringen Gesellen und Handwerker manche Kunde aus der weiten Welt, so auch reformatorisches Gedankengut.

In die Jahre 1493 bis 1525 fällt der Bau der verhältnismäßig großen wie schlichten Kirchenburg. Das Konzept: Ort der geistlichen als auch der physischen Zuflucht für die Gemeinde. Das bischöfliche Weihekreuz wird 1525 von Dominus Petrus an die Nordseite im Chor angemalt, im Jahr als Martin Luther in Wittenberg, mitten im Bauernkrieg, heiratet, aber auch die erste evangelische Messe hält. Unser Gotteshaus ist ein Kirchenkastell,

das von außen betrachtet eine wehrhafte Festung, im Inneren jedoch ein spätgotischer Sakralraum ist. Diese klug erbaute und
komplexe Verteidigungsanlage gehört seit 1999 zum UNESCO-
Weltkulturerbe.

Skizze einer Vernetzung

Vermutlich war es *Pfarrer Petrus*, der Dechant des Kisder Kapitels, der nicht nur die Weihehandlung der Kirche vornahm, sondern auch den geistlichen Grundstein legte für die Reformation in
Keisd, kaum 20 Jahre später. Er hat den Knaben Jakob Fischer in
der evangelischen Lehre unterwiesen, sodass dieser zum Kateche-
ten an der neugeordneten Schule zu Kronstadt bestellt werden
konnte, um später dann, bereits mit 25 Jahren, Rektor der renom-
mierten Schulanstalt zu werden: in der östlichsten Stadt mit west-
lich-humanistischem Bildungsanspruch. Hier in Kronstadt ent-
steht 1543 das Siebenbürgische »Reformations-Büchlein« unter der
Hand des Kronstädter Reformators *Johannes Honterus*. Noch im
gleichen Jahre von Philipp Melanchton neu aufgelegt, gar mit eigenem Vorwort Luthers, empfiehlt Letzterer dieses kleine Werk
auch anderen Gemeinden zu Studium und Nachahmung: *»Alles,
was du mich fragst, findest du in diesem Büchlein besser, als ich es
dir schreiben kann. Denn es gefällt mir sehr, daß so gelehrt, rein und
gläubig geschrieben ist. Daher lies dieses Büchlein und setze dich ins
Einvernehmen mit den Dienern der Kronstädter Kirche, sie werden
dir die besten Mithelfer für die Verbesserung deiner Kirche sein.
Denn sie sind in dem Büchlein fleißig der Einrichtung unserer Kirche gefolgt, auf das und auf die ich dich hinweise.«*

Im 15. Jahrhundert haben, soweit wir wissen, fünf Studenten
aus Keisd noch die Universität Wien besucht, im 16. Jahrhundert
waren es weitere vier. Nachdem jedoch Caspar Tauber, ein evangelischer Stadtrat in Wien, 1524 zum Häretiker erklärt und am 17.
September als erster Märtyrer verbrannt wird, wählen mehrere
siebenbürgische Studenten die Universität Wittenberg als Studi-
enort. Aus der Reformationszeit ist der besagte *Jakobus Fischer*
(1524-1577) der erste uns bekannte Keisder Student, der dort 1550
inskribiert und 1551 von Johannes Bugenhagen ordiniert wird,
um anschließend in das Pfarramt Marienburg berufen zu werden, wo er auch als Dechant des Kronstädter Kapitels im Alter
von 53 Jahren entschläft.

Skizze einer Reformation

Als Reformator unserer Gemeinde aber gilt Pfarrer *Aegidius Hermann*, nach unserem Wissen der 12. Pfarrer seit der ersten ur-
kundlichen Nennung von Keisd. Gebürtig aus Probstdorf bei Ag-

netheln, hat er 1522 gleichzeitig mit Johannes Honterus in Wien studiert und den akademischen Grad eines Bakkalaureus erworben. Hermann, 1540 nach Keisd gewählt, war ein hervorragender Theologe, da er zum »Ausschuss gelehrter Männer« gehört, die 1547 von der sächsischen Nationsuniversität nach Hermannstadt berufen wurden, um auf der Grundlage des Reformationsbüchleins die »Kirchenordnung aller Deutschen in Siebenbürgen« festzulegen. Hermann sprach dem ehemaligen Studienkollegen Honterus gegenüber die Einladung aus, 1545 in Keisd zu predigen, und dieses Datum gilt als das Reformationsjahr unserer Gemeinde, wie der Eintrag im Kirchenbuch besagt: »*Johannes Honterus, Magister der freien Künste, Reformator und Pfarrer der Kronstädter Kirche, predigte das Evangelium zuerst in der dem Heiligen König Stephan geweihten Kirche hier in Keisd, Stefanstag, 20.VIII.1545.*«

Bereits 1543 schrieb Honterus in seiner »Apologie« von seinem Herzensanliegen für alle Gemeinden: Schulen und Kirchen gemäß dem Evangelium zu ordnen. »*So haben wir doch überdies durch den Bericht glaubwürdiger Zeugen und aus einigen gedruckten Büchern, die schon durch Siebenbürgen verbreitet werden, als ganz gewiß erfahren, daß in Regensburg (1541) ... ohne ein allgemeines Konzil abzuwarten, einmütig von allen beschlossen und angenommen worden ist, daß der Genuß des Mahles des Herrn nach der Einsetzung Christi unter beiderlei Gestalt allen Ländern, Städten, Marktflecken und den Menschen jeden Standes von dieser Zeit an frei stehen sollte.*« Das evangelische Wort und der Geist der Reformatoren haben in Keisd auch später in der Kirche, in der Schule sowie in der Nachbarschaft nachhaltig fortgewirkt in einer sehr spezifischen nüchternen Frömmigkeit wie auch in einer tätigen Verwantwortlichkeit.

Skizze einer Wahrnehmung

Dies aber schreibt, knapp 500 Jahre danach, ein unwürdiger Nachfahre solcher Glaubensvorbilder, der die Hälfte seines Lebens hinter dem eisernen Vorhang zugebracht hat. Sein Lebensumfeld war durchtränkt von atheistischer Ideologie, ausgenommen die Kirche. Dazu eine nicht unpolitische Anekdote. Dr. Petre Tutea, der rumänische Essayist, Ökonom und Philosoph, 1902–1991, der 18 Jahre in Haft eingesessen hatte für eine Haltung, die vom sogenannten dialektischen Materialismus abwich, sagte über den realen Sozialismus: »Mit der Linken kann man sich nichtmal bekreuzigen!« Von unserer Tradition und unserem geistlichen Erleben her betrachtet erscheint uns die »westliche Kultur« in manchen ihrer Entwicklungen heute nicht weniger ideologisch. Dem muss sich der Glaube widersetzen. Wenn er das nicht tut, dann ist

Von unserer Tradition und unserem geistlichen Erleben her betrachtet erscheint uns die »westliche Kultur« in manchen ihrer Entwicklungen heute nicht weniger ideologisch.

131

unser Credo nur ein Schatten von dem, was es vermitteln soll: Rettung, Freiheit, Heil, tröstenden Glauben.

Als evangelischer Christ lebe ich in einem Land, das religiös und kulturell fast ausschließlich von orthodoxer Kirchlichkeit geprägt ist und will nicht Teil einer Kirche sein, die sich als kulturelle Speerspitze der westlichen Zivilisation begreift (die nach meiner Wahrnehmung vielfach im Begriff ist, ihre eigene kirchliche und kulturelle Tradition eher zu verleugnen, als zu bezeugen)! Vielmehr möchte ich von der Orthodoxie dieses lernen: Alle wahre Theologie ist Doxologie. Eine theologische Lehre, die nicht gebetet, mit welcher Gott nicht direkt angebetet werden kann, ist für die Kirche ohne Nutzen.

Alle wahre Theologie ist Doxologie. Eine theologische Lehre, die nicht gebetet, mit welcher Gott nicht direkt angebetet werden kann, ist für die Kirche ohne Nutzen.

Unsere Glaubensgeschichte ist durch das Bild der Kirchenburg geprägt, wobei das Glaubenslied »Ein feste Burg ist unser Gott« seit je greifbare Bedeutung hat. Die Kirche war Ort für Gottesbegegnung und zugleich Zufluchtsort für Leib und Leben in den Zeiten der Plünderung und Belagerung. Obzwar unsere nachbarschaftlich erbauten Burgen heute durch ihren ästhetischen Wert bestechen, wollen sie Zeugnis geben vom Widerstand und der Abwehr gegen den offensiven Islam des Mittelalters.

Und ich spreche als evangelischer Michaelsbruder, der schmerzlich danach fragt, wie die Evangelischen Kirchen, ja zum Teil auch unsere Communität, die Warnungen und Weisungen des »Berneuchner Buch«/VOM ANSPRUCH DES EVANGELIUMS AUF DIE KIRCHEN DER REFORMATION, 1926, heute neu aufnehmen müssen: Der Ruf zur Heiligung des Geschlechts (und der Ehe), zur Heiligung des (Kirchen-)Volkes (Europas?), zur Heiligung der Arbeit wird uns als unser bleibendes Mandat beschäftigen müssen.

Auf der Kanzel, von der ich predige, steht dieses Wort angeschrieben: »Thut Buße und glaubet an das Ewangelium". Mitten in der Aufklärungzeit ließ Pfarrer Johannes Arzt, 1709, erst gerade nach Keisd berufen, die Kanzelbrüstung neu gestalten. Durch existentielle Betroffenheit – seine Ehefrau, verstarb im Jahr der Übersiedlung – ließ der neugewählte Pfarrer in Keisd sowohl Predigtstuhl als auch Taufstein erneuern. So stehen im Taufbecken zwei lateinische Verse von Papst St. Sixtus III. (432–440) eingeschrieben, die die christliche Lehre über die Taufe zusammenfassen; entliehen sind sie aus einer Inschrift am Architrav der Lateran-Basilika in Rom: FONS HIC EST VITAE QUI TOTUM DELUIT ORBEM, SUMENS DE CHRISTI VULNERE PRINCIPIUM + »*Dies ist die Quelle des Lebens, die die ganze Welt abwäscht, aus den Wunden Christi ihren Ursprung empfangend.*«

Erneuern hieß für Pfr. Arzt nicht »modernisieren«, sondern bei den Glaubensvätern anknüpfen: Sein Christusbekenntnis auf Taufstein und Predigtstuhl weist auf die Mitte aller christlichen Predigt, auf Wort und Wunden Christi, auf Buße und Beugung vor dem lebendigen Gott und auf die Quelle unseres Heiles in Kreuz und Auferstehung Jesu Christi. Eine Kirche, die sich von diesem Kern ihres Glaubens entfernt, bzw. eine Kirche, die meint, sie sei über den Glauben der Väter hinausgewachsen, gibt die Väter der Lächerlichkeit preis und hört auf, die heilige katholische apostolische Kirche Jesu Christi zu sein. Reformation kann daher nicht Weiterentwicklung sein, nicht Fortschreiten, nicht Evolution der Kirche, sondern Rückkehr zu den Quellen: Rückkehr zu Gott, der sich in seinem Wort für alle Zeiten offenbart hat.

»Tut Buße und glaubt an das Evangelium!« So mahnten nämlich die Propheten, so rief Johannes der Täufer, so predigte Jesus, so schrieb es Luther in der 1. seiner 95 Thesen, das ist die Botschaft des Pietismus und aller geistlichen Erweckungsbewegungen. Sie alle sprachen das Gleiche aus: Buße tun, das ist Umdenken, Gottes Gedanken denken, Sein Wort in Geltung setzen! Hinter die Glaubensaussagen der Bibel und des Bekenntnisses nicht Frage-, sondern Ausrufezeichen setzen! Unsere Existenz in Übereinstimmung bringen: in eine Entsprechung zum Wort Gottes. Glaubwürdig sind wir, wenn unsere Botschaft, unser Leben und unser Zusammenleben in der Kirche mit der Bibel übereinstimmt.

Luther machte es vor: Die Bibel ist weder modern noch altmodisch – sie ist zeitlos, denn sie offenbart uns den Willen Gottes. Das heißt, sie passt sich nicht den eben gerade vorherrschenden populären geistigen Strömungen an, sondern vielmehr hat sich Lehre und Praxis der Kirche dem Gesetz und dem Evangelium anzupassen! Manche Aussagen der Bibel mögen als einengend aufgefasst werden, etwa wenn die Bibel Egoismus als Sünde bezeichnet, denn ein Leben auf Kosten anderer, Korruption, Untreue, sexuelle Unzucht sind Sünde. Ist das kleinlich, engstirnig oder engherzig? So jedenfalls werden Christen bezeichnet, wenn sie Gottes Wort ernst nehmen. Doch nur ein klarer Maßstab in Lehre und Leben, bei und in und um aller Liebe willen, führen uns aus der Verwirrung unserer Tage heraus. Dabei müssen wir Gottes Existenz und Wahrheit nicht einmal beweisen, nein, wir dürfen schlicht bekennen – dann wird Er sich selber beweisen. Leider räumen wir Christen das Feld, wo sich Lüge oder Verwirrung einnisten, weil wir uns vor den herrschenden Ideologien ducken und die Autorität des Wortes Gottes geringachten oder gar die Propheten, Evangelisten und Apostel der Lächerlichkeit preisgeben.

Doch nur ein klarer Maßstab in Lehre und Leben, bei und in und um aller Liebe willen, führen uns aus der Verwirrung unserer Tage heraus.

Skizze eines Bekenntnisses

Wo etwa herrschen Verwirrung und wo brauchen wir heute nach meinem Dafürhalten wieder klare Orientierung? Überall dort, wo Basisaussagen des Glaubens infrage gestellt werden, dort ist Reformation angesagt. Wenn Luther die Erklärungen des Bekenntnisses beschließt mit den Worten: »*Das ist gewisslich wahr!*«, dann dürfen wir das auch wörtlich für wahr und wirklich annehmen und bezeugen. Denn keineswegs war Luther nur »ein kleiner Mönch«, wie wir es oft abwertend hören und lesen müssen: Er war Magister der freien Künste, war Doktor der Theologie und er war Visitator seines Ordens. Und er nahm es immerhin mit Erasmus auf, der grauen Eminenz des europäischen Humanismus.

Der Schöpfungsglaube an den allmächtigen Gott gilt durchgehalten zu werden. Der kindliche Glaube an den Schöpfergott, der Mann und Frau erschuf, aufeinander bezog und für den Empfang und Schutz neuen Lebens fähig und verantwortlich macht, ist ein Bollwerk und Beschützer des Lebens gegen jede Relativierung des heiligen Ehebundes. Auch hier gilt: Wir müssen Gottes Wort nicht beweisen, sondern im Gehorsam bezeugen! »*Ich glaube an Gott, den Vater, den Allmächtigen, den Schöpfer des Himmels und der Erden!*« Ja, ein allmächtiger Gott kann ein Universum erschaffen, ordnen und erhalten – das alle Zeichen der Gefallenheit aber auch der Bedürftigkeit nach Erlösung in sich trägt. Umsomehr sind wir gerufen, Ihm zu glauben, d.h. einzuwilligen in Gottes guten gnädigen Willen. Alles, was sich in erster Linie auf menschliche Weisheit, auf egoistische Lebensentwürfe bzw. auf falsche gesellschaftliche Rücksichtnahme gründet, kann nur in die Irre führen. »Prüfet Alles und das Gute behaltet«, ist das Urteil auch unseres Reformators Johannes Honterus: »*Schwer ist es, unter so viel Unkraut den guten Samen zu erkennen, wenn wir nicht alles prüfen an den Vorschriften Gottes.*«

Der Christusglaube, mit dem die Kirche steht und fällt, gilt durchgehalten zu werden gegen die stillschweigende oder lauthals vertretene Irrlehre, dass der Mensch sich selbst erlösen könne. Christus »*wahr Mensch und wahrer Gott*«, »*vom Vater in Ewigkeit –, und von der Jungfrau Maria geboren, sei mein Herr, der mich verlorenen und verdammten Menschen erlöst hat, erworben, gewonnen, nicht mit Gold oder Silber, sondern mit seinem heiligen teuren Blut, auf dass ich Sein Eigen sei.*« Das ist Absage an jeden Weg der Selbstrettung, das ist Verzicht auf jedes profane oder religiöse, auch noch so fromme Lebens- und Erlösungskonzept. »*Christus ist uns gemacht von Gott zur Weisheit, zur Gerechtigkeit zur Heiligung und zur Erlösung.*« *(1. Korinther 1,30)*

Wir werden zwar gerecht durch Werke, aber nicht durch die eigenen – sondern allein durch das Erlösungswerk Christi! Solus Christus!

Alle Lehre vom freien Willen, von den guten Werken, wird sich weder auf Luther beziehen können, noch auf seine Gewährsmänner Paulus und Augustinus. Wir werden zwar gerecht durch Werke, aber nicht durch die eigenen, sondern allein durch das Erlösungswerk Christi! Solus Christus! Das kränkt und macht allen Stolz der menschlichen Vernunft zunichte. Man fragt meist, ob der freie Wille nicht notwendig sei, sonst dürfe der richtende Gott ja niemanden richten! Darauf ist zu antworten, dass der freie Wille schädlich sei, sonst könne der gnädige Gott niemanden begnadigen! Christus wurde an unserer Statt gerichtet, wir aber sind begnadigt! Wir sind gerettet. Wir sind neugeboren. Aus Gnade, nicht aus eigenem Vermögen. Sola Gratia! Unser Herr spricht: »Nicht ihr habt mich erwählt, sondern ich habe euch erwählt.« Johannes 6 und Psalm 100: »Er hat uns gemacht und nicht wir selbst zu seinem Volk und zu Schafen seiner Weide.« Also: Der eigene Edelmut, der eigene Wille, die eigene Entscheidung sind in Heilsdingen verderblich. Sie sind ganz und gar Teil der gefallenen Schöpfung. Der Glaube erst als Gabe des Geistes Gottes ist die rettende Einwilligung in Gottes guten gnädigen Willen! Sola Fide!

Der Christenglaube an die Kirche als alleinige Schöpfung des Geistes Gottes muss bewahrt werden gegen jeden Machbarkeitswahn in Gesellschaft und Kirche! Wer glaubt noch, was Luther dazu vermeldet? »*Ich glaube, daß ich nicht aus eigener Vernunft noch Kraft an Jesus Christus, meinen Herrn, glauben oder zu ihm kommen kann; sondern der Heilige Geist hat mich durch das Evangelium berufen, mit seinen Gaben erleuchtet, im rechten Glauben geheiligt und erhalten; gleichwie er die ganze Christenheit auf Erden beruft, sammelt, erleuchtet, heiligt und bei Jesus Christus erhält im rechten, einigen Glauben ...*«

Es kann immer nur um die Christusverwirklichung gehen, nicht um Selbstverwirklichung. Kirche muss nicht erst neu erschaffen oder erfunden, aber auch nicht einfach nur verwaltet werden: Sie ist die geliebte Braut des Herrn und sein Eigentum, wir aber lediglich – wenn auch immerhin – »*Christi Diener und Haushalter über Gottes Geheimnisse.*« (1. Korinther 4)

Wir haben es mit der Heiligung der in Christus neugeborenen und neugeschaffenen Person zu tun, nicht mit eigenen Lebensentwürfen, mit Egozentrismus, mit Individualfrömmigkeit oder religiösem Ekklektizismus. Es geht um das Sterben der eignen sündigen, eigenwilligen Person und das Auferstehen der gerechtfertigten Person, die mit Christus identifiziert wird und die einwilligt, sich mit Christus zu identifizieren.

Beschluss

Bleiben nun Solus Christus – oder Solus Dialogus? Sola Fide – oder Sola Ratio?

Sola Scriptura – oder aber Allein die Textkritik (ja, die Schrift ist eben nicht eine Sammlung von Texten, wie alle sonstigen Texte auch, sondern Gottes Wort!). Tut Buße und glaubt an das Evangelium! So steht es auf der Kanzel in Keisd seit 1709. Dem Wort Gottes in Gesetz und Evangelium Geltung verschaffen – das ist Reformation! Mein Gebet ist, dass der Mann in der Kanzel, ich selbst, als erster die Früchte der Buße hervorbringe, von denen ich predige. Dabei denke ich an Franz von Assisi, der kurz vor seinem Tod sagte: Brüder, wir müssen anfangen, ernst zu machen! Er hatte bereits über tausend Nachfolger, aber immer noch das Bewusstsein der eigenen Oberflächlichkeit und des eigenen Ungenügens: »*So hat der Herr mir gegeben, das Leben der Buße zu beginnen: Denn als ich in Sünden war, kam es mir sehr bitter vor, Aussätzige zu sehen. Und der Herr selbst hat mich unter sie geführt, und ich habe ihnen Barmherzigkeit erwiesen. Und da ich fortging von ihnen, wurde mir das, was mir bitter vorkam, in Süßigkeit der Seele und des Leibes verwandelt.« (Bruder Franziskus, Testament)*

Johannes Halmen (*1960) ist Pfarrer der Ev. Kirche A.B. in Siebenbürgen in Keisd bei Schäßburg (Sighisoara).

Quellen und weiterführende Literatur:

- Gernot Nussbächer: *Aus Urkunden und Chroniken – 700 Jahre KEISD, Aldus-Verlag 2009*; Michael Kroner: *Sächsisch-schwäbische Chronik, Kriterion-Verlag Bukarest 1976*
- Hans Klein/Hermann Pitters (Hg.): *Glaubensgeschichte, Honterus 2017*
- Hans Klein (Hg.): *Honterus spricht zu uns, Schillerverlag 2016*
- Erwin W. Lutzer: *Einig in der Wahrheit? Grundlegende Kontroversen in der Geschichte des Christentums, Christliche Verlagsgesellschaft 1999*
- Siegfried Kettling: *Typisch Evangelisch/Grundbegriffe des Glaubens, Brunnen 1993*
- Berneuchener Konferenz: *Das Berneuchener Buch, Hamburg 1926*

Zu Hause – wo?

Spurensuche und Entdeckungen eines Nachgeborenen nach dem 2. Weltkrieg auf der Grenze zwischen Deutschen und Polen

von Herbert Naglatzki

»Zu Hause – wo?« Seit Langem beschäftigt mich diese Frage. Sie geht zurück bis in meine Kindheit.

Ich bin nach dem 2. Weltkrieg im Ruhrgebiet geboren, genauer: in Bochum. Dort bin ich bei meiner Mutter aufgewachsen, denn meine Eltern lebten schon bei meiner Geburt getrennt und wurden bald darauf geschieden. So wurde für mich als Kind meine Mutter zu der entscheidenden Bezugsperson. Meine Mutter und ihre Familie stammte aus einem kleinen Dorf bei Sensburg im Süden Ostpreußens, in Masuren. Aber auch meine väterliche Familie hatte dort ihre Wurzeln. Zwar war mein Vater bereits in Bochum geboren, doch sowohl mein Großvater als auch meine Großmutter väterlicherseits stammten aus Masuren, ja die Großmutter kam sogar aus dem gleichen Dorf bei Sensburg wie meine Mutter. Und so ist dieses Dorf bei Sensburg, Langendorf oder Dluzec, ein Straßendorf an einem masurischen See, der Ort, wo der größte Teil meiner Vorfahren zu Hause war. Und auch ich bin auf Grund meiner Familie, trotz meiner Geburt im Ruhrgebiet, dem Herkommen nach ein Masure.

Meine Eltern hatten sich in Langendorf/Dluzec als Kinder kennengelernt, da meine väterlichen Großeltern den Sommer auf dem Hof meiner Urgroßeltern verbrachten. Das Wohnhaus dieses Hofs lag nur durch die Dorfstraße getrennt gegenüber dem Haus meiner mütterlichen Großeltern. Dort in Langendorf/Dluzec haben meine Eltern mitten im 2. Weltkrieg geheiratet. Dort hatten sie ihre einzige gemeinsame Wohnung im Haus meiner mütterlichen Großeltern. Noch wähnte man sich in Langendorf/Dluzec in einer heilen Welt, die am 26. Januar 1945 mit der Flucht der Dorfbewohner vor der Roten Armee zerstört wurde. Was blieb, das waren die Erinnerungen und Erzählungen von »zu Hause«. Mit diesen Erinnerungen und Erzählungen bin ich groß geworden, und die haben sich mir tief eingeprägt. »Zu Hause« war nie dort, wo wir wohnten, Bochum, sondern »zu Hause« lag in unerreichbarer Ferne im Osten, in Masuren.

Masuren, dieser Name ist verbunden mit der Herkunft der Siedler, die aus dem nördlich von Warschau gelegenen Masowien seit dem Ende des 14. Jahrhunderts in den südlichen Teil des

> *»Zu Hause«
> war nie dort,
> wo wir wohnten,
> Bochum, son-
> dern »zu Hause«
> lag in unerreich-
> barer Ferne
> im Osten, in
> Masuren.*

preußischen Ordensstaates einwanderten und die muttersprachlich polnischer Herkunft waren. Es war ein Gebiet, das die »große Wildnis« genannt wurde, in das jene Siedler kamen. Dabei ist nicht zu vergessen, dass es der polnische Herzog Konrad von Masowien gewesen ist, der den Deutschen Orden im Jahr 1226 ins Kulmer Land holte, um die heidnischen Pruzzen zu unterwerfen und der dem Orden zugleich das Land übereignete, das dann zum Ordensstaat Preußen wurde. In ihm suchten deutsche wie polnische Einwanderer ihr Glück, wie eben auch die Siedler aus Masowien. Aus ihnen wurde innerhalb des 1525 entstandenen Herzogtums Preußen, das den alten Ordensstaat auf Grund der eingeführten lutherischen Reformation ablöste, eine eigenständige Ethnie mit polnischer Sprache. Für diese Menschen bildeten der Herrscher, der Glaube und Preußen eine Symbiose. Sie waren ganz auf das preußische Herrscherhaus ausgerichtet. Ihr Patriotismus aber verband sich mit einer Liebe zur polnischen Muttersprache und ihrem seit der Reformation geprägten evangelischen Glauben, so dass festgestellt wurde: »Macierzynski jezyk nam od Boga duzy« – »Die Muttersprache ist uns von Gott gegeben.« Dabei war ihr Regionalbewusstsein eingebunden in einen gesamtpreußischen Zusammenhang. So bezeichneten sich dann die Bewohner Masurens als Preußen oder Altpreußen, oder wie sie muttersprachlich sagten: »Staroprusak« Das Wort Masure als Name für die dortigen Einwohner tauchte erst in den siebziger Jahren des 19. Jahrhunderts auf und muss vor dem Hintergrund der Reichsgründung von 1870 gesehen werden. Von diesem Zeitpunkt an greift vermehrt ein deutscher Nationalismus um sich, der alles andere nicht mehr gelten lässt. Dies führt schließlich dazu, dass ab 1890, also seit Kaiser Wilhelm II., von masurischer statt von polnischer Sprache gesprochen wird, obwohl jeder Masure auf die Frage »Wie sprecht ihr« antwortete: »Po Polsku.« – »Auf Polnisch.« Die Bevölkerung Masurens aber lebte seit der Reichsgründung in zwei Welten: in der Welt ihres Herkommens als eigenständige slawische Ethnie und in der Welt des nach 1870 entstandenen deutschen Nationalstaates, in dem das alte Preußen aufging, und wo über die Schule die deutsche Sprache durchgesetzt wurde. Zwar hatte es bereits in der ersten Hälfte des 19. Jahrhunderts Versuche gegeben, die polnische Sprache durch die deutsche Sprache zu ersetzen, aber noch galt der multiethnische Konsens des alten Preußen, den in besonderer Weise König Friedrich Wilhelm IV. mit einem Kabinettschreiben im Jahr 1842 bestätigte. Darin hieß es in einer Antwort an den Danziger Pfarrer Coelestin Mongrovius, der aus Masuren gebürtig war und sich für den Erhalt der Muttersprache einsetzte: »Ich lasse Ihrem treuen Eifer für den Erhalt der Muttersprache Ihrer Gemeindeglieder Gerechtigkeit widerfahren und habe ... veranlasst, den in Bezug darauf von Ihnen angesprochenen Besorgnissen geneigte Erledigung zu geben.« So mahnten eben vor der Reichsgründung in Masuren die Pfarrer einen sensiblen Umgang mit der Sprache an, wie ihn auch der König bestätigte.

Doch in Verbindung mit der Gründung des deutschen Reiches 1870 wurde dies anders durch einen Erlass von 1873 zur Einführung der deutschen Unterrichtssprache in den polnischsprachigen Elementarschulen Masurens. Die Umsetzung dieses Erlasses dauerte allerdings bis nach 1890, da es an entsprechend ausgebildeten Lehrern fehlte. Die Kinder wuchsen nun in zwei Welten auf: Deutsch lernten sie erst in der Schule als Fremdsprache, doch bei der Rückkehr ins Elternhaus wurde weiterhin polnisch gesprochen. Oft verließen sie nach Beendigung der Schulzeit die Schule, ohne weder richtig deutsch noch polnisch lesen und schreiben zu können.

Auch in der staatstreuen Evangelischen Kirche schloss sich jetzt die Pfarrerschaft der Germanisierungswelle an, obwohl es aus seelsorgerlichen Gründen weiterhin polnischsprachige Gottesdienste gab, wie sie seit der Reformation in Masuren gefeiert wurden.

So wurde dann in der Liturgie, in der Predigt, im Singen und Beten, in der religiösen Unterweisung beim Konfirmandenunterricht polnisch gesprochen. Im Gebrauch blieb das polnischsprachige Gesangbuch, das König Friedrich Wilhelm I. 1738 in Königsberg herausgegeben hatte. Auch die Bibel, der Kleine Katechismus von Martin Luther und Andachtsbücher in Polnisch prägten die Frömmigkeit. Überhaupt war die lebendige Beteiligung an den Gottesdiensten in der Polnisch sprechenden Gemeinde größer als in der deutschen Gemeinde, wie es in einem Visitationsbericht von 1855 über den Kirchenkreis Sensburg zu lesen ist.

Auch die Bibel, der Kleine Katechismus von Martin Luther und Andachtsbücher in Polnisch prägten die Frömmigkeit.

Doch was bis zur Reichsgründung von 1870 selbstverständlich war, wurde nun auf Seiten des Staates in Frage gestellt. Allerdings wurde die jetzt einsetzende Germanisierung nicht widerstandslos hingenommen, da nach der Reichsgründung die polnisch sprechende Gromadki-Bewegung im religiösen Leben der evangelischen Masuren eine Blüte erlebte. Hier traf man sich zu Gebetsversammlungen auf Bauernhöfen. Die Gromadki oder auch Gromadkorzy (Häuflein – Versammlung) gehörten zu den Erweckungsbewegungen des 19. Jahrhunderts, die in der vom Rationalismus der Aufklärung beherrschten Evangelischen Kirche zur Rückbesinnung auf reformatorische Frömmigkeit aufriefen. War es andernorts in Vergessenheit geraten, dass die lutherische Re-

Im Gegensatz zur deutschen Oberschicht in den Städten hatte sich bei der masurischen Landbevölkerung der emotionale Zugang zum christlichen Glauben erhalten, was im religiösen Brauchtum auf vielfältige Weise zum Ausdruck kam.

formation die Erneuerung der katholischen und apostolischen Kirche beabsichtigte, so war in Masuren diese Verbindung in der Frömmigkeit nicht verloren gegangen. Im Gegensatz zur deutschen Oberschicht in den Städten hatte sich bei der masurischen Landbevölkerung der emotionale Zugang zum christlichen Glauben erhalten, was im religiösen Brauchtum auf vielfältige Weise zum Ausdruck kam. So bekreuzigte man sich und kniete beim Beten. Die Apostel-, Heiligen- und Marientage wurden weiterhin begangen und man pilgerte zu den alten Marienheiligtümern, was in Visitationsberichten missbilligt wurde. So kam es schließlich zu dem Vorwurf, der sich im Amtsblatt des Königlichen Konsistoriums in Königsberg vom 30.09.1891 wiederfindet: »Betrifft katholisierende Neigungen evangelischer Masuren.« Doch das Unverständnis der Amtskirche gegenüber der emotionalen Frömmigkeit der Gläubigen in Masuren rief wiederum deren Misstrauen hervor. Hinzu kam, dass in den großen Kirchspielen mit 10-15.000 Gemeindegliedern von den Pfarrern die Seelsorge immer mehr vernachlässigt wurde. So haben dann Unkenntnis und Ignoranz der kirchlichen Behörden, die auf ein deutsches Sendungsbewusstsein setzen, und ein Versagen in der Seelsorge dazu beigetragen, dass das Klima der Toleranz des alten multiethnischen Preußen zerstört wurde. Konnte der Masure sich vor der Reichsgründung als Pole bezeichnen, so wurde das nach 1870 immer schwieriger und schließlich nach 1918 zu einem Akt des Nationalverrats.

Seit dem Ende des 1. Weltkrieges schämte man sich auf einmal seiner eigenen Sprache, die noch bis 1938 öffentlich und nach dem Verbot der Nazis bis 1945 heimlich gesprochen wurde. Zugleich wurde in dieser Zwischenkriegszeit deutsch gesprochen, denn man wollte jetzt deutsch sein. Nichts fand man schrecklicher als das, was die Deutschen aus West-, Nord- und Süddeutschland über die Masuren sagten: »Wo sich aufhört die Kultur, da beginnt sich der Masur!« Es war der Geist des Nationalismus, der das Zusammenleben mit den südlichen Nachbarn im polnischen Masowien zusehends verschlechterte und vergiftete, bis schließlich der Hass auf beiden Seiten einkehrte. Der polnische Staat, nach über 170 Jahren wiedererstanden, beanspruchte Masuren als sein Gebiet, weil dort doch polnisch als Sprache im alltäglichen Leben der Menschen in Gebrauch war. Auf Grund des Versailler Friedensvertrages fand 1920 in Masuren eine Volksabstimmung statt, zu welchem Staat man gehören wollte, zu Polen oder zu Preußen (nicht zu Deutschland!). Die Masuren stimmten zu über 90 Prozent für Preußen. Durch den Korridor vom übrigen deutschen Reich getrennt, wuchs in Masuren die Angst vor Polen und die

Menschen hielten Ausschau nach einem Erlöser und Befreier. Und so wählten die Masuren schließlich den Mann, den sie für den Retter im Gegenüber zu Polen sahen, Adolf Hitler, der dann ihr Totengräber wurde. Hitler entfesselte den Hass zu einem schrecklichen Feuer, und es blieb von Masuren nur ein Trümmerhaufen übrig.

Aber auch Polen war nicht frei von Hass. Als Masuren 1945 ein Teil Polens wurde, da sollten die Masuren, von Polen als Autochthone bezeichnet, für Polen optieren. Als dies freiwillig nicht geschah, wurden die Männer verhaftet – so auch ein Großonkel von mir, der als Bauer immer in Masuren blieb und in Langendorf/ Dluzec begraben liegt – und sie wurden im Gefängnis so lange gefoltert bis sie endlich erklärten, Polen zu sein. Hatten die Nazis verboten, das polnische Masurisch zu sprechen, so wurde nun das Sprechen der deutschen Sprache verboten. Mit dem Erfolg, dass der größte Teil der masurischen Bevölkerung seine Identität ablegte und bis auf eine kleine Restgruppe in die westdeutsche Bundesrepublik auswanderte. Jahrhundertelang waren die Masuren eine Brücke zwischen Deutschen und Polen, durch den nationalistischen Hass auf beiden Seiten wurde diese Brücke zerstört. Nun ist dieses kleine Volk der Masuren bis auf wenige Restbestände, zu denen auch ich gehöre, untergegangen und auch dieser Rest wird aussterben. Bei diesem Gedanken überfällt mich immer wieder eine tiefe Traurigkeit, da wir zur gegenseitigen Verständigung nichts nötiger als eine Brücke brauchen. Allerdings ist es mühsam wieder eine Brücke zu bauen, um Deutsche und Polen einander näher zu bringen, ja, um ihre gegenseitigen Vorurteile zu überwinden. Doch wir müssen diese Mühe auf uns nehmen. Der Hass zwischen unseren Völkern muss ein Ende haben. Es war ein Irrweg der Deutschen, verführt vom Nationalismus, an der Grenze zum östlichen Nachbarn Polen alles zu germanisieren. Es war aber auch ein Irrweg der Polen, sich ebenfalls vom Nationalismus, verführen zu lassen und alles an der Grenze zum westlichen Nachbarn Deutschland zu polonisieren. Den reinen Nationalstaat hat es in Mitteleuropa und in Ostmitteleuropa nie gegeben. Als man ihn durchsetzte, konnte es zwangsläufig nur Umsiedlungen und Vertreibungen der Bevölkerung geben. Es ist an der Zeit, dass wir, wie in der westdeutschen Bundesrepublik nach Frankreich, jetzt in der gesamtdeutschen Bundesrepublik nach Polen uns als Nachbarn die Hand reichen, um uns fortan gegenseitig in Liebe und Achtung zu begegnen und um uns zugleich, nach den Schrecken der Vergangenheit des 20. Jahrhunderts, miteinander auszusöhnen, ohne dabei unsere Leidgeschichten zu verschweigen. Das Land meiner Vorfahren, wo sie zu Hause waren, darf uns nicht

Allerdings ist es mühsam wieder eine Brücke zu bauen, um Deutsche und Polen einander näher zu bringen, ja um ihre gegenseitigen Vorurteile zu überwinden. Doch wir müssen diese Mühe auf uns nehmen.

trennen, es soll uns vielmehr verbinden, da wir als Deutsche, als Masuren und als Polen durch unser gemeinsames Schicksal miteinander verbunden sind.

Mich bewegt, was mir Philipp von Bismarck, über viele Jahre Vorsitzender der pommerschen Landsmannschaft und mit mir lange in der Evangelischen Michaelsbruderschaft verbunden, erzählte, wie es ihm erging, als er noch vor 1989 sein altes Gut Kültz/Kulice, in der Nähe von Naugard/Novogard gelegen, erstmalig nach 1945 besuchte und mit dem polnischen Kolchosdirektor von Kulice innerlich erschüttert vor den Ruinen seines ehemaligen Besitzes stand. In diesem schmerzvollen Augenblick legte jener Kolchosdirektor die Hand auf die Schulter des ehemaligen Gutsherrn und sagte zu ihm: »Ich kann sie gut verstehen. Ich bin aus Wilna.« Diese Geste eines Polen mit gleichem Schicksal macht deutlich: Das, was wir gegenseitig in der Vergangenheit einander angetan und erlitten haben, muss uns nicht trennen, vielmehr will es uns Anlass sein für einen gemeinsamen Weg unserer Länder in die Zukunft eines Europas, das die alten auf sich selbst bezogenen Nationalstaaten überwindet. Auf diesem Weg gilt es, allen Widerständen zum Trotz, beharrlich voranzuschreiten.

Das Buch von Andreas Kossert »Preußen, Deutsche oder Polen? Die Masuren im Spannungsfeld des ethnischen Nationalismus von 1870-1956« (Harrowitz Verlag 2001) war zum Verfassen dieses Aufsatzes hilfreich.

*Herbert Naglatzki (*1946), Pastor i.R. in Hannover, war viele Jahre als Pfarrer an der Gartenkirche St. Marien in Hannover tätig, er ist Vikar des Seniors der Evangelischen Michaelsbruderschaft.*

Hüben und Drüben –
von Grenzen und ihrer Überbrückung

von Frank Lilie

Wir leben mit Grenzen und in Grenzen, politischen, sozialen, seelischen, biographischen, religiösen, moralischen, natürlichen. Und ohne sie wären wir auch nicht lebensfähig, weil wir, grenzenlos, gar nicht die wären, die wir sind. Zugleich ist jede Grenzziehung aber auch eine Begrenzung unserer Freiheit. Nun haben sich die Grenzen, mit denen es Menschen zu tun haben, im Laufe der Geschichte gewandelt. Und gewiss, mit diesen Grenzen verändert sich auch das Freiheitsempfinden. Die Grenze wird zu einer Herausforderung der Freiheit, sie spornt selbst an, über sie hinauszuwachsen und sie zu überwinden. Doch wie soll dies möglich sein ohne einen Weg, der hinüberführt? Ohne ihre Überquerung wird die Grenze niemals überwunden werden können. Ohne ihre Überquerung wird die Grenze niemals als Grenze erkannt werden können, ja, ohne die Möglichkeit der Überquerung ist sie keine Grenze, sondern lediglich ein Ende. Erst dann, wenn von zwei Seiten gewusst werden kann, ist auch die Grenze Grenze.

> *Ohne ihre Überquerung wird die Grenze niemals überwunden werden können.*

Das Leben folgt nicht den Gesetzen der Logik. Denn die Wirklichkeit, die die unsere ist, beherbergt eine Fülle von Paradoxien, die nicht aufgelöst werden können. Warum sind wir da und nicht vielmehr nicht? Warum leben wir, wenn wir doch sterben müssen? Warum sind wir auf andere angewiesen, wenn wir zugleich besondere Regeln benötigen, um mit ihnen auszukommen? Warum leben wir bereitwillig in und mit Grenzen, wenn unser Freiheitswille sie zur selben Zeit unerträglich findet? Schon diese kleine Auswahl zeigt, dass unser Denken sich angesichts der paradoxen Widersprüchlichkeit der Wirklichkeit entweder heillos in seinen eigenen Fragen verstricken kann oder aber entschlossen nach Möglichkeiten greifen muss, diese Widersprüchlichkeit erkennend, aushaltend und gestaltend in eine Form zu überführen. Solche Formen nennen wir *Symbole*. Die paradoxe Strukturlosigkeit unserer Wirklichkeit verlangt geradezu nach der repräsentativen und aufschließenden Gestalt geeigneter Symbole, in denen wir uns entdecken können. So ist die Brücke in besonderer Weise das Symbol der Überwindung von Grenzen, die durch die paradoxe Strukturlosigkeit der Wirklichkeit entstehen.

Es gibt aber auch andere Symbole für die Überwindung von Grenzen, denken wir zum Beispiel an die *Treppe*, die, etwa als Scala Sancta, den Beter vor die Kreuzigungsgruppe führt. Der

Bereich der Unkonzentriertheit, des Unwesentlichen, des Profanen, kurz: der Welt wird verlassen und der Beter steigt zum Himmel hinauf, zum Bereich des Heiligen, zu Gott. Auch der *Turm* ist ein analoges Symbol, das die Verbindung zwischen Erde und Himmel schaffen soll. In den sumerischen, babylonischen und assyrischen Zikkurats, in Stufen aufsteigenden Turmtempeln über einer Terrassenanlage, ist dieser Anspruch manifest geworden (dies hat sich auch in der Erzählung vom babylonischen Turm niedergeschlagen, 1. Mose 11). Die *Leiter*, die zwischen den Bereichen der Menschen und der Götter und Geister errichtet wird, gehört ebenfalls zu den Symbolen der Grenze und ihrer Überschreitung. Die Erzählung von Jakobs Traumbild, das ihm in Lus, dem späteren Beth-El, die auf- und niedersteigenden Engel Gottes auf einer Leiter offenbarte, ist gewiss die bekannteste Überlieferung dieser Art (1. Mose 28, 11 ff.). All diese Symbole, die Leiter, die Treppe, der Turm und auch die Brücke markieren Grenzen und öffnen zugleich den Weg zu ihrer Überwindung. Sie zeigen, dass Menschen von jeher über die ihnen natürlicherweise zukommende Sphäre hinaus gestrebt haben, sie wollen in den Bereich durchbrechen, der ihnen durch die Grenze verschlossen ist.

Es ist allerdings dabei ein Unterschied, in welcher Richtung der Durchbruch erfolgt. Leiter, Treppe und Turm führen nach oben. Das Oben ist in den Religionen und Mythologien von jeher ein Symbol für die Hoheit und Allgegenwart Gottes gewesen. Und so hat die Errichtung von Wegen gen Himmel stets etwas Vermessenes und Hochmütiges gehabt. Wer hinaufsteigt, um Gott näher zu sein, ist leicht in der Gefahr, sich zu versteigen. So lehrte es ja die Erzählung vom Turmbau in Babel, so zeigt es auch, in etwas anderem Gewand, der Mythos von Ikarus. Die Brücke als Symbol des Übergangs wirkt dagegen bescheidener. Auch sie führt an die Grenze und über diese hinaus, durchbricht aber nicht unbedingt die Ebenen. Die Brücke verbindet verschiedene Sphären, die durch Grenzen voneinander getrennt sind, indem sie sie füreinander durchlässiger werden lässt.

Nun kennen die Religionen und Mythologien zahlreiche Vorstellungen von Verbindungen zwischen den Sphären und Welten. So wird in der finnischen Kalevala erzählt, wie Väinämöinen am Grenzfluss zwischen Leben und Tod nach einem Kahn ruft, um in das Totenland, Manalas Insel, die »*ewge Hausung*« (Kalevala, 16. Gesang) zu gelangen. Auch auf Reittieren oder Fußwegen kann man in die anderen Reiche gelangen. Die Brücke ist die feste, die bestehende Verbindung, wie sie in den Bildsprachen der Menschen vielfach ihren Niederschlag gefunden hat. Sie ist das Symbol der Grenze, ihrer Überwindung, aber zugleich auch ihrer *Verbindung.* Sie bringt zusammen, was auseinanderstreben möchte.

Die Grenze, über die die Brücke den Weg zu bahnen sucht, will ausschließen und abschließen. Durch sie wird die Brücke zu einem Ort, an den wir nicht gehören, ihre Überquerung und erst recht ihr Bau werden zu einem Wagnis. Wer auf der Brücke steht, ist über den Dingen; wer hinübergeht, wird über die Dinge hinaus- und zugleich von ihnen fortgeführt. Die Grenze erst bestätigt die Brücke, gibt ihr das Wesen und allererst ihren Sinn. Diese Grenze kann ein Fluss sein, eine Schlucht, Klamm oder ein anderes natürliches Hindernis, sie kann eine Trennung zwischen Macht- und Einflussregionen bilden oder eine Abschottung nach außen, gegen die anderen. In den Religionen und Mythologien haben diese Grenzziehungen aber stets auch eine Bedeutung über den bloß wahrnehmbaren Bereich der Wirklichkeit hinaus gewonnen. An der Grenze prallen zwei Welten zusammen, die einander fremd sind und womöglich eine Gefahr für einander darstellen können: Leben und Tod, Wahrheit und Lüge, Vergebung und Schuld, Erlösung und Verstrickung, Welt und Un-Welt. Hier darf nicht vermischt werden, doch bleibt auch der Gedanke einer Trennung in Permanenz schlichtweg unerträglich. Darum sind die Brücke und die Überbrückung eine Notwendigkeit, ein Mittel zum Leben, eine Forderung unseres Willens zum Überleben. Wer nicht zum verstehenden Brückenschlag bereit ist, wird an den Grenzen, an seinen Grenzen zugrunde gehen.

Die Grenze stellt, ist sie ein Fluss oder ein anderes natürliches Hindernis, einen Teil der Schöpfung dar, ist also verbunden mit der Gottheit, die sich in ihr zeigt. Der Strom Skamandros erzürnte *»sich im Herzen«*, als Achilleus auf die Troer an seinem Ufer eindringen will, und ruft ihm *»in Menschengestalt aus der wirbelnden Tiefe«* zu: *»O Achilleus, wie wütest du schrecklich und stärker als alle / Menschen; die Götter selbst begleiten und schützen dich immer. / Wenn dir Kronion die Troer auch gab, dass du alle verderbest, / Treib sie heraus doch aus mir und vollbringe den Frevel im Felde. / Nicht mehr kann ich die Flut ergießen ins heilige Salzmeer, / Eingeengt von den Leichen; so tötest du wild und entsetzlich. / Lass es doch endlich; denn Schrecken erfasst mich, du Völkergebieter«* (Homer, Ilias, XXI, 136, 213ff.). Wasser ist Leben und Leben ist göttlich – der Fluss gibt dem Menschen das Wasser in gebahnter Form. Stört der Mensch den Fluss nicht, so ist ihm das Leben, ist ihm die Gottheit des Flusses auch gewogen. Wagt er es aber, sich der Gottheit ungebührlich zu nähern, so muss er mit ihrem Zorn rechnen. In den Festkalendern der Völker waren darum die Flussopfer ein regelmäßig wiederkehrendes Datum:

> *Wer auf der Brücke steht, ist über den Dingen; wer hinübergeht, wird über die Dinge hinaus- und zugleich von ihnen fortgeführt.*

An jedem 15. Mai versenkten die Priester Roms Strohpuppen im Tiber, während man in Ägypten eine Adonisfigur in den Nil warf. Und noch im christlichen Schlesien des 16. Jahrhunderts war eine vergleichbare Handlung bekannt: An jedem 17. März wurden »Simulacres«, also Nachbildungen alter Götterbilder aus vorchristlicher Zeit, in Erinnerung an die Zerstörung heidnischer Idole durch Mieczyslaw I. (962-992), von der Brücke in den Fluss geworfen (Artikel *»Flussgottheiten«*, in: Wörterbuch der Symbolik, Stuttgart 1991). Der Bau einer Brücke wurde vielfach als eine besondere Verletzung der göttlichen Sphäre empfunden, die auch nur durch ein Opfer besonderer Art gesühnt werden konnte. *»Immer wieder stößt der Spaten der Archäologen auf die Skelette bedauernswerter Opfer, deren Tod dem Bauwerk der versöhnten Götter Huld und ewigen Bestand sichern sollte. Dass sich dies auch bei Brückenbauten vollzog, bezeugen vereinzelte späte Zeugnisse und mehr noch die fortlebende Erinnerung daran in Sagen und im Volksaberglauben«* (Artikel »Brücke«, in: Wörterbuch der Symbolik). Flüsse sind Grenzen, die den Menschen gesetzt sind. Sie erinnern daran, dass Menschsein heißt, mit Grenzen zu leben und sich dieser Grenzen bewusst zu werden. Freilich fordern sie uns auch heraus. Doch müssen wir wissen, dass wir in Gefahr geraten können, wenn wir an unsere Grenzen stoßen. Denn an den Grenzen und über die Grenzen wachen die Götter.

Zur Grenze gehört nun aber auch die Erfahrung zweier getrennter Bereiche, eines *Hüben* und eines *Drüben*, durch die sie erst entstehen. Wer das Hüben hinter sich lassen will oder auch lassen muss, braucht Mut, weil er vielleicht die Brücken hinter sich abbrechen möchte, wie die Redewendung sagt. Er braucht aber auch den Mut, um sich dem Neuen zu stellen, das ihm womöglich auf der anderen Seite begegnen wird. Hier ist der Bereich des Eigenen, des Vertrauten, der Heimat. Und dort? Was wartet seiner? Er kann es noch nicht wissen, er kann lediglich ahnen, dass es das Fremde sein wird, das Andere, vielleicht das Gefährliche oder gar Tödliche. Schon der Weg hinüber kann ein gefährlicher Weg sein. Darum verwundert es nicht, dass im christlichen Abendland zahlreiche Heiligenfiguren die großen Brücken zieren, allen voran der Heilige Nepomuk. Auch die Brückenkapellen (etwa in Regensburg, Calw oder Säckingen) haben die gleiche Aufgabe, nämlich den Überweg sicher zu machen oder zumindest Sicherheit zu erflehen. Übrigens ist von dem ursprünglich religiösen Empfinden der Fremdheit des Drüben in vielen Gegenden oder Städten noch etwas spürbar, wenn von der falschen und der richtigen Wohnseite gesprochen wird. Man höre nur einmal einen Frankfurter die feine Unterscheidung von Hibbdebach und Dribbdebach über die Stadtteile diesseits und jenseits des Mains verwenden oder einen Kölner oder Bonner von der »*schäl sick*«, der schlechten, rechtsrheinischen Seite der Stadt reden.

Gerade in der Trennung von Hüben und Drüben wird spürbar, dass der Brücke eine unbestimmt empfundene Sakralität eignet, deren Ausstrahlung den Verträgen und Verhandlungen, die auf ihr ausgehandelt und geführt wurden, eine besondere Weihe zu geben vermochte. Entrückte der Ort über den Dingen, der Ort über der Grenze nicht aller Bindungen? War nicht freier, Ja oder Nein zu sagen, wer den Standort hier oben einnehmen konnte? Wer sich auf der Brücke befindet, gehört weder zur einen noch zu der anderen Seite, der Blick geht weiter, die Luft kann ungehinderter gehen, die Entscheidung fällt leichter. Der Gang über die Brücke gleicht einem Aufenthalt im Zwischen. Wenn die Brücke selbst das Symbol der Grenze und deren Überwindung ist, so ist der Weg über die Brücke in besonderer Weise das Symbol eines Interim, eines Nicht-mehr und zugleich Noch-nicht. Wer die Brücke betritt, lässt sich auf einen Wandel ein, er ist womöglich, wenn er die andere Seite erreicht hat, nicht mehr derselbe wie vorher.

»*Alles Leben bildet sich aus Gegensätzen. Aber diese trennen auch das als Einheit gemeinte Leben.*« (so Alfons Rosenberg). Das ist gewiss richtig beobachtet. Doch Trennung verlangt auch stets wieder ihre Aufhebung. Auch die Hybris des Brückenbaus und die Hybris, die in jeder noch so profan gemeinten Brückenüberquerung spurenhaft vorhanden ist, verlangen im Grunde nach dem Ganzen. Zur Brücke gehört daher auch die Vereinigung. Die Brücke ist in besonderer Weise das Symbol der Verbindung des Hüben und Drüben über die Grenze hinweg.

Wir finden Brücken als Wächter, Überwinder und Verbindung in den Bildern der Religionen und Mythologien immer wieder an ganz bestimmten Grenzorten. Die hier gewiss eindrücklichste Brücke bringt die Verstorbenen oder ihre Seelen aus dem Reich des Lebens in das des Todes: Die *Jenseitsbrücke*, die in zahlreichen Kulturen bekannt ist. Man hat versucht, die symbolische Bedeutung der Brücke allein von dieser Verbindung zwischen Leben und Tod her zu deuten. So sah der Religionskundler Mircea Eliade (1907–1986) in der Jenseitsbrücke einen Urtyp, der, in abgeschatteter Gestalt, noch in jedem anderen Übergang zu finden sein sollte, der mit Schwierigkeiten oder Gefahren verbunden ist. Nun ist es gewiss richtig, dass die Grenze zwischen Leben und Tod eine der mächtigsten ist, mit denen es der Mensch zu tun bekommt. Und es ist gewiss auch richtig, dass in jeder Brückenüberquerung etwas von den Mächten des Lebens und des Todes spürbar bleibt. Aber wir finden die Brücken eben auch dort, wo der Abschied vom Bisherigen und der Aufbruch ins Neue mitten hinein ins Leben und seine Erneuerung führt. Die Grenze und die Symbole ihrer Überwindung gehören zum Tod wie zum Leben und können in beide Reiche geleiten. Auch die Vergebung oder Sühne einer großen Schuld kann als Gang über eine Brücke und somit als Weg ins Leben empfunden und gedeutet werden. Die Brücke wird also auch zum Erlösungssymbol. Schließlich ist es kein Zufall, dass mancher, der zum Freitod entschlossen ist, weil er seine Schuld nicht mehr tragen kann und so an einer möglichen Erlösung verzweifelt, sein Leben durch einen Sprung von einer Brücke enden möchte (so etwa in Franz Kafkas Erzählung *Das Urteil*). Das Motiv der Wahrheitsbrücke, die den Passanten zum Aufgeben der Lüge zwingt, gehört ebenfalls in den Zusammenhang von Schuld und Erlösung. Gewiss haben wir es auch hier mit einem »schwierigen Übergang« im Sinne Eliades zu tun, doch führt der Weg über diese Brücken eindeutig ins Leben, während der Weg über die Jenseitsbrücken und ihre Varianten meist Einbahnstraßen in den Tod sind. Und auch als Pfad ins *Zentrum* stellt die Brücke einen Weg ins Leben dar, der den Gläubigen aus der Profanität zum Wesentlichen führen soll. So ist der *Harimandir* in Amritsar, der sogenannte *Goldene Tempel* der Sikhs, nur über eine Brücke erreichbar. Er liegt auf einer kleinen Insel inmitten eines großen Teiches und birgt als Ort der Anbetung das Herz des Sikhismus, das Heilige Buch (Christoph Peter Baumann, »Sikhismus«, in: Heilige Stätten, S. 158ff.).

Die Grenze zeigt uns deutlich, wer wir sind und dass wir beschränkte, eben eingegrenzte Möglichkeiten haben; doch indem wir so unseren Ort zugewiesen bekommen, werden wir gerade vor uns selbst geführt. Die existentielle Erfahrung der Grenze ist die Erfahrung des Selbst, das wir sind. Und diese Erfahrung des Selbst ruft nach ihrer Überbrückung, sie weist über die Grenze hinaus. »*Erst der Abgrund ruft den Menschen zur Überwölbung.*« (so Rosenberg), erst die Grenze fordert heraus. Indem wir uns zu uns selbst stellen, indem wir jenes Ja sprechen, das allererst überhaupt Selbsterkenntnis möglich macht, leiten wir den Weg zur Wandlung ein. Wer sein Kreuz auf sich nimmt, ist auch darauf vorbereitet, sich verwandeln zu lassen; er überbrückt so die Abgründe, die Grenzen in sich. Die Erfahrung der Grenze ist die Erfahrung des Selbst, das wir sind. Und diese Erfahrung des Selbst ruft nach ihrer Überbrückung, sie weist über die Grenze hinaus. Darin liegt nicht bloß eine Hoffnung auf Zukunft, dass nämlich »die Unvollkommenheit der Dinge und Situationen durch die Ausrichtung des Menschen nach vorne überwindbar ist« (Rosen-

Auch die Vergebung oder Sühne einer großen Schuld kann als Gang über eine Brücke und somit als Weg ins Leben empfunden und gedeutet werden.

Die existentielle Erfahrung der Grenze ist die Erfahrung des Selbst, das wir sind.

berg), – darin liegt vielmehr bereits die Vorahnung der anderen Seite: Die Grenze tritt in ihre eigentliche Funktion, noch diesseits zu sein und doch schon auf das Göttliche zu weisen.

Pfarrer Dr. Frank Lilie ist Lehrer und Schulseelsorger am Ursulinen-Gymnasium in Fritzlar, er war lange Jahre Ältester der Evangelischen Michaelsbruderschaft.

No Borders?
Mit dem Fahrrad über Grenzen

Ein Interview mit Wolfgang Burggraf, der mit seinem Reiserad insgesamt 100.000 km unterwegs war. Die spektakulärste Reise führte ihn in den Jahren 2010 und 2011 mit Gunda Werner von Bonn nach Tokio.

Die Fragen stellte Roger Mielke.

Du hast Dich mit dem Fahrrad auf den Weg nach Japan gemacht. Durch welche Länder bis Du gekommen? Wie viele Grenzen hast Du überquert?

Am Anfang haben wir einen Faden um einen Globus gespannt und Bonn mit Tokyo verbunden. 14 Monate Reisezeit waren geplant. Schon bald wurde klar, dass es zwei entscheidende Grenzen geben würde auf dieser Reise: einmal die Überwindung der »Berge«, also der Pamirs, dem Dach der Welt, am Zusammentreffen von Kunlun, Tien Schan und Karakoram. Die zweite entscheidende Grenze war die Taklamakan-Wüste im fernen Westen Chinas, seit Jahrtausenden Herausforderung für alle Reisenden auf dem Weg, der heute gerne als »Seidenstraße« vermarktet wird. Die Pamirs mit ihren bis auf annähernd 5.000 m über dem Meeresspiegel reichenden Passstrassen waren keinesfalls in den Wintermonaten passierbar, schon gar nicht bei Lawinen und Schneeschmelze im Frühjahr. Und in der Taklamakan-Wüste beginnen Ende Mai die Sandstürme; vorher muss die Durchreise beendet sein. Also waren die entscheidenden Grenzen eine Kombination aus Topographie und Jahreszeit, an denen sich der gesamte Reiseplan ausrichten musste; Grenzen, die sich seit Jahrtausenden nicht verändert haben auf der Seidenstraße.

Während der 19-monatigen Reisevorbereitung wurden weitere Grenzen deutlich: Kriege und staatliche Konflikte verlangten immer wieder ein flexibles Umplanen der Reiseroute: Sollte es zunächst von Deutschland aus nördlich des Schwarzen Meeres, dann durch Kaukasien, dann südlich des Kaspischen Meeres weiter nach Zentralasien gehen, war bald klar: Schon die Grenze von Russland über Abchasien nach Georgien war für uns unpassierbar. Also brauchten wir uns mit der aussichtslosen Grenzsituation zwischen Armenien und Aserbaidschan gar nicht mehr zu beschäftigen, fuhren südlich des Schwarzen Meeres durch Türkei und Irak. Von den »sicheren« Gebieten in Kurdistan/Irak gibt es aber keinen für Ausländer offenen Grenzübergang in den Iran; vor einem Ausweichen südlich über arabisches Gebiet im Irak wurden wir deutlich gewarnt. Also die Anfahrt über steile Bergketten zu einem Grenzübergang, der eigentlich für uns geschlossen sein sollte. Streitigkeiten um Wasser zwischen Usbekistan und Tadschikistan führten zu einer kurzfristigen Grenzschließung, die uns zu einem weiten Umweg über weitere Bergketten und Tausende Kilometer nach Süden Richtung Afghanistan führte.

Das alles gibt aber ein falsches Bild. Die Reiseroute musste so geplant werden, dass in einem zeitlichen Abstand von höchstens drei Monaten Reisezeit vor Grenzübertritt ein entsprechendes Konsulat des jeweiligen Landes lag. Bestenfalls dasjenige, das für eine großzügige Visapolitik bekannt ist. Nicht selten fliegen Langzeitradreisende mehrmals nach Deutschland zurück, nur um sich in Berlin oder Frankfurt ein Visum zu besorgen und dann die Reise dort fortzusetzen, wo das Fahrrad untergestellt ist. Unser Ziel war aber, prinzipiell ohne solche horrend kostspieligen Aktionen auszukommen. Also richtete sich unser Reiseweg nach den Hauptstädten, wo es eine Wahrscheinlichkeit gab, Visa zu bekommen. Also Ankara für den Iran, Teheran für Usbekistan, Tadschikistan, Kirgisistan und – für Turkmenistan, dem neben Nordkorea am meisten abgeschotteten Land der Erde. Und in Duschanbe für China. Die Reise durch Nordkorea wäre möglich gewesen, aber nur in ständiger Begleitung – und die gibt es nicht radelnd. Für die Rückreise mit der Eisenbahn von Wladiwostok nach Berlin wurde sogar in fast betrügerischer Art und Weise frühzeitig mein Girokonto durch Überweisungen im Kreis manipuliert. Hatte ich doch meine Stelle gekündigt, musste aber für die Beantragung des russischen Visums einen regelmäßigen Gehaltseingang der letzten drei Monate vorweisen …

Wo ist die Grenze zwischen Ost und West? Sie ist sehr einfach zu beantworten: im Osten der Pamirs haben Kamele zwei Höcker, im Westen einen.

Die körperliche Anstrengung einer Fahrradreise über 16.000 km wird hier fast zur Nebensache. Zumindest ein Teil der Aufmerksamkeit gilt immer der Visabeschaffung. Oder dem Sammeln polizeilicher Meldebescheinigungen, die manche Staaten bei der Ausreise vorgelegt haben wollen. Das bringt Fahrradfahrer, die im Zelt übernachten, weit in die Illegalität.

Heute, nach sechs Jahren, ist für mich die bedeutendste Frage: Wo ist die Grenze zwischen Ost und West? Sie ist sehr einfach zu beantworten: im Osten der Pamirs haben Kamele zwei Höcker, im Westen einen. Als beinahe einer jesuanischen Bergpredigt würdiges Bild gibt es in dieser Region nicht nur Kamelherden mit Tieren mit einem und mit zwei Höckern, Kamelhirten versicherten sogar, selbst in einem Wurf können sich die beiden mischen…

Warum hast Du Deine spannende Arbeitsstelle als Referent in der Missionszentrale der deutschen Franziskaner aufgegeben und Dich auf den Weg gemacht mit Anfang 50?

Ich war noch keine 50. Meinen 50. Geburtstag erlebte ich im Zelt, aufgebaut auf dem Dach eines Hotels in Isfahan, mit Blick auf den Platz, von dem es heißt, er sei bereits die »halbe Welt« (Naqsch-e-Dschahān-Platz). Die andere Hälfte der Welt hatte ich ja quasi schon kennengelernt. 22 Jahre hatte ich für den Franziskanerorden gearbeitet. Brasilien, Indien, Ghana – und in Europa vor allem Rumänien, Ungarn, Serbien, Bosnien und Herzegowina etc. Außerdem gab es ja damals die sogenannte »Achse des Bösen« – der Iran gehörte dazu. Eine intensive Felderfahrung sollte für uns beide in der zweiten Hälfte des Lebens noch einmal neue Erfahrungen setzen. Bei Gunda sind sie dann sogar in ein wissenschaftliches Projekt »Subjektivationsprozesse – Ende des Dialogs?« (in der katholischen Theologie im Fach Dogmatik) eingeflossen, bei mir in meine freiberufliche Tätigkeit als Berater und Trainer für Diversity und Ethik.

Welche »Grenzerfahrungen« hast Du gemacht bei Deinen Grenzüberschreitungen?

Mit einem Anhänger, insgesamt 12 Taschen, vielen Ersatzmänteln, Schläuchen, Ersatzteilen, wenigen Klamotten für Sommer wie Winter machen wir uns auf den Weg quer durch Europa und Asien. Es ziehen sich drei Themen durch unsere Reise: Krieg, Gastfreundschaft und schlechtes Wetter. Wir fahren durch das ehemalige Jugoslawien, sprechen mit Überlebenden der Belagerung von Sarajewo, fahren an Minenschildern vorbei, an Ruinen und Waisenheimen. Immer wieder sehen wir Zelte des UNHCR in der autonomen Region Kurdistan im Irak, ebenso wie viele Schilder der Wiederaufbauprojekte der EU und der Hilfswerke in Tadschikistan. Wir kommen aus dieser Arbeit und kennen das Geschäft. Übernachtungen zu finden ist nicht immer leicht, es gibt Minen und Militär, Überschwemmungen und Gegenden, in denen wenig Sicherheit herrscht. Inmitten der kritischsten Momente: Tee und Brot, Tee und Kekse, Tee und Bonbons, Tee und Suppe. Übernachtung. Hilfe. Immer und immer wieder. Die Gespräche drehen sich dabei um Zukunft, Versöhnung, Politik, eben um Krieg und die Sehnsucht nach einer guten Zukunft.

> *Die Gespräche drehen sich dabei um Zukunft, Versöhnung, Politik, eben um Krieg und die Sehnsucht nach einer guten Zukunft.*

Unsere Ausrüstung musste alles zeigen: 30 Prozent Regen, tiefste Temperaturen, Hitze, schlechte Straßen, großes Gewicht. Transporte im Zug, auf LKWs und im Schiff. Bis auf 30 Platten, zwei kaputte Kugellager und sieben neue Reißverschlüsse am Zelt: alles in Ordnung. Wir sind froh. Weder sind wir krank geworden noch mussten wir die Reise abbrechen aufgrund von Materialschaden oder Unfällen.

In Lebensgefahr waren wir dauernd. Am bedrohlichsten: der Straßenverkehr. Überfälle. Aber auch ein Schneesturm in 4.000 m Höhe. Grenzen? Irgendwann ist alles nur noch Dankbarkeit des Überlebenden. Damit wird man vom Reisenden zum Pilger.

Und die Grenzen, die auf dem Globus erst sichtbar werden, wenn man das Licht einschaltet? In Wirklichkeit so unnatürlich wie auf dem Globus. Die Seidenstraße hat sich über Jahrtausende immer neue Wege gesucht, ist Zöllen, Straßenraub und Kriegen ausgewichen. Von einem Tag auf den anderen, wenn es sein musste. Der Kaukasier Stalin wusste genau, wie man Völker knechtet: Er zog die Grenzen der Sowjetrepubliken gegen die Ethnien; heute sind es Staatsgrenzen, aber wer weiß, was in 20 oder 100 Jahren ist… Zwischen Istanbul und Turfan sind persische und turkische Völker seit Jahrtausenden wie in einem Hefezopf miteinander verflochten. Mit den Staatsgrenzen hat das wenig zu tun. Und nomadisches Leben können solche schon gar nicht abbilden.

Wie haben die Menschen auf der Reise Dich aufgenommen?

Spätestens ab Istanbul löst es keine Verwunderung mehr aus, wenn man antwortet: »Japan«, wird man gefragt, wohin man mit dem Fahrrad reisen will. Die Rollen des Reisenden, des Pilgers sind in den Narrativen fest verankert. Gastfreundschaft geht soweit, mit dem Leben für die Sicherheit des Gastes zu garantieren. Aber auch die Rollen des Touristen, des Opfers der Entführungsindustrie und des Kriegers sind bekannt. Alle drei vermieden wir sorgfältig. Regionen der Entführungsindustrie (wie Belutschis-

> *Die Rollen des Reisenden, des Pilgers sind in den Narrativen fest verankert.*

tan) mieden wir konsequent, ebenso jegliche Parteinahme (auch in Blog-Beiträgen), war doch Deutschland in einigen Regionen Kriegspartei oder zumindest mit militärischem Auftrag an Konflikten beteiligt.

Gastfreundschaft kann übrigens auch strukturell sein. Schon in Europa wird deutlich: überall, wo das Osmanische Reich war, gibt es heute noch gefasste Quellen am Straßenrand. Wie auch jede Moschee Hygiene und Trinkwasser rund um die Uhr kostenlos und für jeden und jede zugänglich macht. Alles in allem ist es beschämend, wenn man deutsche Gepflogenheiten damit vergleicht. Im Bonner Hauptbahnhof wird am Kiosk ein Plastikbecher mit Trinkwasser für 50 Eurocent verkauft!

Was war Deine geistliche Erfahrung auf dem Weg?

Von der geistlichen Erfahrung sprach ich bereits: Die Dankbarkeit des Überlebenden.

Aber es gab auch eine theologische Erkenntnis: Wir beide entwickelten große Fragezeichen an diejenigen Religionen, die ihre Botschaft an konkrete Orte und Regionen binden. Wir waren an dem Berg, wo Noah mit seiner Arche strandete (Cudi Dağı), in dem Ort, wo Abraham geboren wurde (Şanlıurfa), kamen über Euphrat und Tigris, waren am Grab der Ester (Hamedan) und in Behistan, wo die berühmte Inschrift hilft, den Neubau des Jerusalemer Tempels zu datieren. All diese Orte in einer Situation zu erleben, die auch heute dem Krieg nahe ist, machte uns Religionen verdächtig, die ihre Offenbarung (oder zumindest die Tradition) an konkrete Orte knüpfen.

In welchem Sinne hat Dich diese Reise verändert?

Ich habe nach der Reise begonnen, Bildvorträge darüber zu halten. Aber immer als Reihe, also 15 Vorträge in monatlicher Folge über jeweils einen Reisemonat in einer Region. Anfangs war es sicherlich auch eine Verarbeitung des traumatischen Gefahrerlebens über 14 Monate. Ich beginne diese Reihe nun zum dritten Mal, diesmal in der Bodenseeregion. Dies hilft mir, Erlebtes zur Erfahrung werden zu lassen und schließlich für mein berufliches Wirken verwertbar zu machen. *(https://www.xing.com/events/my_events?sc_o=rhs_tb-me)*

Würden wir noch einmal fahren: Ja. Für die Sonnenuntergänge und die Vögel am Morgen, die Menschen auf dem Weg und das Radfahren in jeder Situation. Jetzt sehen wir unseren Ort aber hier, in der Gestaltung und in der Öffentlichkeitsarbeit für die Rechte und die Zukunft der Menschen, die wir kennen lernen durften und wo wir immer wieder einen kleinen Teil des Lebens erleben und teilen konnten. Daher bleibt die Homepage bestehen und ist eine Plattform, nicht nur der Informationen für andere Radler und einer Relecture für uns in der Verknüpfung mit dem, was heute geschieht. Sondern vor allem als politische Plattform für Nachrichten aus aller Welt zu den Ländern, durch die wir gefahren sind. Im Kopf fahren wir weiter. *(www.silkroad-project.eu)*

Und zum Schluss. Du bist Friedensarbeiter, was denkst Du: Brauchen wir Grenzen?

WIR brauchen Grenzen, unsere Bequemlichkeit zu sichern. WIR in Mitteleuropa genießen Privilegien, die nach der Goldenen Regel nicht zu rechtfertigen sind. Aber es ist nur zu verständlich, diese nicht aufgeben zu wollen.

Wolfgang Burggraf ist Trainer und Berater für Diversity und Ethik und vertritt derzeit die Geschäftsführerin der Evangelischen Friedensarbeit in ihrer Elternzeit.

Grenzerfahrungen –
Grenzen erkennen, öffnen und schließen
Weshalb überhaupt Grenzen?

von Horst Scheffler

Gott habe aus einem Menschen das ganze Menschengeschlecht gemacht, damit sie auf dem ganzen Erdboden wohnten, und er habe festgesetzt, wie lange sie bestehen und in welchen Grenzen sie wohnen sollten. Dies erklärte der Apostel Paulus einst den Menschen in Athen dort auf dem Areopag, in der Königshalle am Markt, in seiner großen und berühmten Predigt, um den an einem Altar verehrten unbekannten Gott als den Gott, der die Welt gemacht hat und alles, was darin ist, und als den Herrn des Himmels und der Erde zu verkünden. (Apostelgeschichte 17,19-26) Der in der Überlieferung der jüdischen Schriften kundige Apostel bezog sich mit der Schilderung dieser Grenzsetzung Gottes auf einen Vers eines Liedes des Mose, in dem es heißt: »Als der Höchste den Völkern Land zuteilte und der Menschen Kinder voneinander schied, da setzte er die Grenzen der Völker ...« (5. Mose 32,8). Notwendig wurden diese Grenzen nach dem missglückten Turmbau zu Babel. Hatte bisher alle Welt eine Zunge und Sprache, war also als die eine Welt grenzenlos, so zerstreute Gott die Menschen in alle Länder, dass sie aufhören mussten, die Stadt und den Turm zu bauen und keiner des anderen Sprache mehr verstand. (1. Mose 11,1-9)

Die biblische Verkündigung verortet Grenzen in der Schöpfermacht Gottes. Hier schon ist zu erkennen, dass diese Grenzen nicht rein geographische Markierungen sind. Grenzen trennen und hindern, einander zu verstehen. Nach dem biblischen Zeugnis ist der Menschheit aufgetragen, in und mit Grenzen zu leben. Gott mutet den Menschen Grenzerfahrungen zu. Wie lassen sich Grenzen erkennen, öffnen, schließen und im besten Fall sogar aufheben?

> *Nach dem biblischen Zeugnis ist der Menschheit aufgetragen, in und mit Grenzen zu leben. Gott mutet den Menschen Grenzerfahrungen zu.*

Grenzerfahrungen

Ein Leben ohne Grenzerfahrungen ist nicht möglich. Das ganze menschliche Leben ist begrenzt. Menschen leben in begrenzten Ordnungen von Räumen und Zeiten. Und immer wieder wollen Menschen diese Grenzen überwinden. Genau genommen *müssen* Grenzen überwunden werden. Wie das Kleinkind in der sogenannten Trotzphase und später der junge Mensch in der Pubertät leben Menschen lebenslänglich in der Erfahrung, an Grenzen zu stoßen und sie überschreiten zu müssen, um zu wachsen, zu lernen und zu reifen.

Die Ökumenische FriedensDekade im Jahr 2015 hatte zum Motto »Grenzerfahrung«. Die FriedensDekade wird jedes Jahr im November begangen. In diesem Monat zum Ende des Kirchenjahres gedenken Christen und Nichtchristen in besonderer Weise der erfahrenen Grenzen ihres Lebens, so etwa an Allerheiligen und Allerseelen, am Volkstrauertag und am Toten- und Ewigkeitssonntag. Martin Luther hat diese Grenzerfahrung in der Bearbeitung eines mittelalterlichen Chorals in Worte gefasst: »Mitten wir im Leben sind mit dem Tod umfangen«, nachzulesen im Evangelischen Gesangbuch. (EG 518)

Drei existentielle Fragen formulierte Luther, Fragen mitten aus dem Leben der Menschen. Wer ist, der uns Hilfe bringt, dass wir Gnad erlangen? Wer will uns aus solcher Not frei und ledig machen? Wo solln wir denn fliehen hin, da wir mögen bleiben?

Luthers Fragen sind Fragen geblieben, auch angesichts der Probleme in der heutigen Welt. Theologie und Ethik beschreiben diese Fragen etwa in der Begrifflichkeit des konziliaren Prozesses als die Herausforderungen der Gerechtigkeit, des Friedens und der Bewahrung der Schöpfung. Wer hilft in einer Welt, die zwar unter dem Anspruch der Globalisierung immer enger zusammenrückt, in der die Schere zwischen Reichtum und Armut jedoch immer weiter auseinanderklafft, so dass statt weltweiter Gerechtigkeit global soziale Ungerechtigkeit herrscht? Erstaunlicherweise werden im Prozess der Globalisierung Grenzen nicht obsolet. Vielmehr entstehen neue Grenzziehungen, sozial, mental und auch ganz konkret als Mauern und Zäune.

In der Friedensforschung wird der Frieden als ein Prozess der Minimierung von Gewalt, Not, Unfreiheit und Angst beschrieben. Wer befreit heute die Menschen aus diesen Nöten der Gewalt, der Unfreiheit und des Mangels in einer Welt, in der weiterhin die Ressourcen für Militär und Krieg ein vielfaches der Mittel für zivile und gewaltfreie Konfliktbearbeitung ausmachen?

Wohin sollen die Menschen in ihrer Angst vor Krieg, Gewalt und Hunger fliehen, wo sollen sie denn bleiben, wenn die Grenzen für Flüchtlinge und Vertriebene geschlossen und die von den Kommunen bereitgestellten Unterkünfte für Migranten in Brand gesteckt werden?

Flüchtende aufnehmen und zugleich Fluchtursachen bekämpfen

Die europäischen Länder sind gefordert und erscheinen überfordert, die Millionen Menschen aufzunehmen, die seit Jahren und in großen Massen in einer aktuellen Völkerwanderung zu ihnen kommen. Es ist den europäischen Ländern nicht einmal gelungen, sich darauf zu verständigen, nach welchem Verteilschlüssel die Menschen aufgenommen werden könnten. Manche setzen rigoros auf Ausgrenzung und schließen ihre Grenzen. Andere lassen wenige Flüchtende einreisen, wenige boten eine Willkommenskultur.

Dass sich Deutschland für eine Willkommenskultur entschieden hatte, wurde zunächst begrüßt. Doch diese Willkommenskultur löste noch nicht die Probleme vor Ort in den Bundesländern und Kommunen. Nach wie vor fehlt es an Ressourcen wie Wohnraum und Geld. Nach wie vor dauern die Rechts- und Verwaltungswege bis zur Anerkennung von Asyl und Bleiberecht zu lange. Es war kein Witz, wenn Antragsteller berichteten, dass sie auf Termine für die Anhörungen zu ihren Anträgen bis zu zwei Jahre warten mussten. Es gab Gewaltanschläge gegen die Ankommenden und auf die ihnen bereit gestellten Unterkünfte.

Unzählige ehrenamtliche Helfende unterstützten die Leistungen von Ländern und Kommunen. Eigentlich waren ohne diese ehrenamtliche Hilfe die öffentlichen Stellen gar nicht in der Lage, ihre Aufgaben zu bewältigen. Auch die Mitglieder der in der Aktionsgemeinschaft Dienst für den Frieden (AGDF) zusammenarbeitenden Friedensorganisationen sind bis heute aktiv in der ehren- und hauptamtlichen Flüchtlingsarbeit. Sie helfen in Deutschland vor Ort bei der Ankunft der Flüchtenden, organisieren Informationsveranstaltungen und Sprachkurse, leisten Hilfe und dolmetschen bei den notwendigen Amtsgängen, kümmern sich um Familien und ihre Kinder.

Im Ausland sind sie in den Herkunftsländern der Flüchtenden in den Programmen des Zivilen Friedensdienstes und der zivilen Gewaltprävention zur Bekämpfung der Fluchtursachen aktiv.

Jona und der barmherzige Samariter als biblische Leitfiguren

Die biblischen Leitfiguren der Ökumenischen FriedensDekade 2015 waren der Prophet Jona und der barmherzige Samariter aus dem bekannten Gleichnis Jesu. Jona war auf der Flucht über das Meer, als er von den Seeleuten über Bord geworfen wurde, weil er ihnen zu einer Last geworden war. Rettung erfuhr er durch einen großen Fisch, der ihn zunächst verschlang, dann aber ans Land ausspuckte. Jona betete um Rettung. Der Retter war Gott, der diesen Fisch schickte. Sind genug Retter auf den Meeren zwischen den afrikanischen und europäischen Küsten und zwischen der Türkei und Griechenland? Die Gebetsrufe der Bootsflüchtlinge vor dem Ertrinken dürften so dringlich sein wie einst das

Gebet des Jona. Hören wir diese Hilferufe als das Gebot Gottes an uns, diesen Menschen unsere Schiffe zur Rettung zu schicken? Oder haben die Kritiker recht, die den Helfern auf See vorwerfen, in Wirklichkeit die Komplizen krimineller Fluchthelfer zu sein?

Der barmherzige Samariter half, nachdem zuvor die vermeintlich Frommen weggeschaut hatten. Er war der Fremde, der in dem unter die Räuber gefallenen Menschen den hilfsbedürftigen Nächsten erkannte. Voraussetzungslos und vorurteilsfrei hat er geholfen. Sind die reichen Nationen in der Lage so voraussetzungslos und vorurteilsfrei zu helfen oder geht Bündnistreue und Staatsräson vor Barmherzigkeit?

Statt einer Politik der Kriegslogik eine Politik der Friedenslogik

Ein wesentlicher Grund für die aktuelle Völkerwanderung ist eine seit dem Ende des Ost-West-Konflikts verfehlte, vorrangig auf Militär und Gewalt setzende Politik. Mit Mitteln des Krieges wurden bestehende Staaten zerstört, ohne dass neue rechtsstaatliche und zivile Ordnungen geschaffen wurden. Die Kriege in Afghanistan, Somalia, Libyen, Jemen und Irak schufen rechtsfreie Räume für neue Gewalt und neuen Terror. In Syrien ist der Krieg noch nicht beendet. Neue Terrormilizen verfügen heute schon über die tatsächliche Macht. Deutschland hat an dieser auf militärische Gewalt setzende Politik mitgewirkt durch den Einsatz der Bundeswehr und insbesondere durch großzügige Rüstungsexporte. Das hat zur Folge, dass alle vierzehn Minuten weltweit ein Mensch durch den Einsatz einer in Deutschland oder im Ausland mit deutscher Lizenz produzierten Waffe getötet wird. Deshalb fordert die Aktionsgemeinschaft Dienst für den Frieden (AGDF) als ein Teil der Friedensarbeit der Evangelischen Kirche in Deutschland (EKD) eine Politik, die sich von der Vorrangstellung auf Militär, Waffen und Gewalt löst und somit statt einer destruktiven Kriegslogik einer zukunftsweisenden Friedenslogik folgt. Schon ein Stopp der von Deutschland genehmigten und ausgehenden Waffenexporte wäre ein erster wirksamer Schritt, um die Gewalt und den Terror in den Herkunftsländern der Flüchtenden zu vermindern und den Menschen ein Leben in ihrem Zuhause zu ermöglichen.

Auf dem Pilgerweg der Gerechtigkeit und des Friedens

Seit der Ökumenischen Versammlung in Busan/Südkorea im Jahr 2013 verstehen Christen den konziliaren Prozess der Gerechtigkeit, des Friedens und der Bewahrung der Schöpfung als den Pilgerweg der Gerechtigkeit und des Friedens (»Pilgrimage of Justice and Peace«). Es ist zu wünschen, dass das Nachdenken über Grenzerfahrungen immer wieder zu Grenzüberschreitungen auf dem Pilgerweg der Gerechtigkeit und des Friedens ermutigt.

Grenzerfah-rungen als existentielle Erfahrungen sind allerdings nie eindeutig.

Grenzerfahrungen als existentielle Erfahrungen sind allerdings nie eindeutig. Oft erweisen sie sich als zwiespältig, d. h. es kann auch gut sein, dass Grenzen geschlossen werden müssen, um größeres Unheil abzuwenden.

Café Friedenswege

Ein besonderes Projekt im Hinblick auf »Grenzerfahrungen« ist das Café Friedenswege im Rahmen der sogenannten »Weltausstellung« zum Reformationsgedenken in der Lutherstadt Wittenberg. Schon die Träger, die Aktionsgemeinschaft Dienst für den Frieden (AGDF), die Evangelische Arbeitsgemeinschaft Kriegsdienstverweigerung und Frieden (EAK) und die Evangelische Seelsorge in der Bundeswehr mussten zunächst gegenseitige Vorbehalte überwinden, um dieses Projekt am Schwanenteich in der Lutherstadt Wittenberg überhaupt zu starten. Können Aktive aus der Friedensarbeit und Militärgeistliche zusammenarbeiten in einem Projekt, das folgenden Zielen verpflichtet ist?

»Im Café Friedenswege wollen wir gemeinsam nach Antworten auf Fragen suchen, die immer mehr Menschen bewegen: Lässt sich mit Waffen Frieden schaffen? Wie stoppen wir Terror? Was kann ich selbst tun gegen Hass und Gewalt?

Im Café Friedenswege wollen wir uns mit Ihnen austauschen und gemeinsam lernen: über zivile Konfliktbearbeitung, über Möglichkeiten der Konflikttransformation, über den Zusammenhang zwischen Frieden und Gerechtigkeit und über die Aktivitäten der Kirche zum Thema Frieden.

Mit dem Café Friedenswege wollen wir ein Zeichen setzen gegen Krieg und für den gerechten Frieden. Dazu sammeln und veröffentlichen wir Friedensstatements von Besucherinnen und Besuchern. Darüber hinaus dokumentieren wir die Ideen und Anregungen aus den Gesprächen im Café, um sie für unsere weitere Friedensarbeit zu nutzen.«

Mein Bericht über eine Woche Einsatz im Café Friedenswege gibt eine Antwort:

»Samstagnachmittag im Café Friedenswege. Jetzt ist es ruhig, so kann ich ein paar Eindrücke der letzten Tage festhalten.

Die meisten Besucher hatten wir am Mittwoch. Da war ich ständig im Gespräch mit Besuchern. Die nächsten Tage war der

Besuch eher mäßig. Dieser Befund gilt für alle Präsentationen und Veranstaltungen der Weltausstellung Reformation. ... Betrieb ist nur auf der Hauptachse zwischen Schlosskirche, Stadtkirche, Lutherhaus und Asisi-Panorama. Richtiges Gedränge besteht dort allerdings auch nicht. Die Ausstellungen sind entspannt anzuschauen. Es gibt keine Warteschlangen an den Kassen.

Im Café Friedenswege sind häufig Menschen aus Wittenberg und Umgebung zu Gast. Sie sind offen und dankbar für Gespräche. Ihre Themen: Ihre persönliche Geschichte in der DDR, insbesondere Christen sprechen über die damaligen Hindernisse seitens des Staates; ihr Ankommen oder eben Nicht-Ankommen im vereinten Deutschland; das Gefühl, abgehängt zu sein in einer Welt, in der alles schneller, unpersönlicher und rabiater geworden zu sein scheint; auch persönliche Schicksale (Krankheit, Arbeitslosigkeit u.a.). Hier bietet das Café Friedenswege Räume der Seelsorge. In Konfrontation mit den Schiffsszenarien auf dem Schwanenteich und dem realen Flüchtlingsboot am Seeufer reflektieren sie ihre eigene Leiderfahrung mit dem Leiden anderer.

Für mich überraschend haben sich im Café am Schwanenteich zwei unerwartete Gesprächssituationen ergeben. An den Vormittagen trifft sich hier eine Gruppe Geflüchteter, die von einer ehrenamtlich tätigen Frau betreut wird zum Gespräch. Am Nachmittag gibt es für die Geflüchteten bis zu drei Stunden Deutschunterricht. Hier ist unsere pädagogische Leiterin Carolin Holtmann sehr kompetent aktiv. Das Kunstszenario der Flüchtlingsboote und des tatsächlichen Bootes am Schwanenteich ist konkretes Programm geworden.

Meinen Bericht gestern musste ich abbrechen. Jetzt am frühen Sonntagmorgen schreibe ich weiter. Ca. ab 15:00 Uhr füllte sich das Café #Friedenswege mit Besuchern der Reformations-Weltausstellung, die zumeist paarweise oder in kleinen Gruppen kamen. Sie sind sofort zu erkennen am Ticket, das sie an einem grünen Band um den Hals tragen und am Wochenprogramm mit Stadtplan Wittenbergs in der Hand. Die Gesprächsangebote wurden angenommen. Auch wenn die erste Reaktion aus einer Gruppe lautete »Bloß keine Politik!«, nachdem man erkannte, an welchen Ort die Gruppe eingekehrt war. Im anderen Fall etwa wurde betont, wie aufmerksam man die Texte auf den Informationstafeln des Pilgerwegs um den Schwanenteich gelesen und wichtige Texte sogleich mit dem Handy fotografiert habe. Auch mit der Gruppe, die zunächst Politikdistanz forderte, ergab sich noch eine konstruktive Gesprächsrunde. Dabei stellte sich heraus, alle waren ehrenamtlich in ihren Kirchengemeinden engagiert.

Die Zusammenarbeit im Team ist ausgesprochen gut. Maria betreibt aufmerksam den Service, Caroline leitet, angefangen mit der Morgenrunde des Teams, unaufgeregt und konzentriert durch den Tag. Gut unterstützt werden wir durch Andrés, den Freiwilligen aus Kolumbien.

Das gute Wetter in den letzten Tagen hat unsere Arbeit im Café Friedenswege sehr erleichtert. Heute am Sonntagmorgen regnet es heftig. Da wir gestern im Team – wie viele andere Anbieter der Reformationsweltausstellung auch – beschlossen hatten, erst heute um 12:00 Uhr mit dem Friedensgebet zu öffnen, um den sonntäglichen Gottesdienstbesuch zu ermöglichen, trifft uns der jetzige Regen nicht. Die WetterApp zeigt für den Nachmittag trockenes Wetter an.«

Konstruktive Grenzerfahrungen

Aktive aus der Friedensarbeit und Militärgeistliche erleben in der Zusammenarbeit im Café Friedenswege, dass sie konstruktiv zusammenarbeiten können, wenn die mentalen und sich gegenseitig ausschließenden Grenzen außer Acht gelassen werden. Es ist ja nicht so, dass sie beseitigt wären. Über die Strukturen der Militärseelsorge und die Ultima Ratio des militärischen Waffeneinsatzes in Kampf und Krieg wird weiterhin gestritten werden müssen, um die Wege zu einem gerechten Frieden in der globalisierten Welt nicht nur zu weisen, sondern auch zu bauen. Der Militärgeistliche, der mit mir im Wochenteam war, hatte übrigens die Wochenfrage für das Café Friedenswege vorgeschlagen: »Helfen Gebete und Kerzen für den Frieden?« Die Mehrheit der Besucher votierte mit »ja«.

Für konstruktive Grenzerfahrungen sei nochmals auf Martin Luthers Choralbearbeitung »Mitten wir im Leben sind mit dem Tod umfangen« hingewiesen. »Uns reuet unsre Missetat, die dich Herr erzürnet hat.« Solche Reue kann zur Grenzerfahrung werden, ja zur Grenzüberschreitung von behutsamer Selbstzufriedenheit oder egozentrischer Selbstbespiegelung hin zu lebensförderndem Engagement. Sie kann anstiften zum aktiven Einsatz für Gerechtigkeit, Frieden und zur Bewahrung der Schöpfung.

*Horst Scheffler (*1945) ist Leitender Militärdekan a.D. sowie Vorsitzender der Aktionsgemeinschaft für den Frieden (AGDF) und des Vereins für Friedensarbeit im Raum der EKD (VfF).*

»Über Grenzen hinweg: Gottes Wort kehrt nicht wieder leer zu ihm zurück.«

Pilgerwege im Reformationsjahr zwischen Eifel und Rhein als mehrfache Grenzerfahrung

von Harald Ulland

Pilgern hat Konjunktur, auch unter Protestanten. Daher kam die Steuerungsgruppe für die gemeinsamen Reformationsfeierlichkeiten von vier Rheinischen Kirchenkreisen zwischen Eifel, Maas und Rhein auf die Idee, einen Pilgerweg durch eben diese vier Kirchenkreise anzubieten. Dass vier Rheinische Kirchenkreise etwas zusammen planen und durchführen, ist angesichts der sprichwörtlichen Autonomie rheinischer Körperschaften schon an sich bemerkenswert, denn normalerweise sind die trennenden Grenzen sehr hoch, und seien sie auch noch so klein. Dass darüber hinaus am eher reformiert geprägten Niederrhein ein katholisch anmutendes Projekt wie ein Pilgerweg zustande kommt, kann als besondere Besonderheit dazugerechnet werden.

Das Leitwort des gemeinsamen Projektes stammt aus Jesaja 55: *Gleichwie der Regen und Schnee vom Himmel fällt und nicht wieder dahin zurückkehrt, sondern feuchtet die Erde und macht sie fruchtbar und lässt wachsen, dass sie gibt Samen zu säen und Brot zu essen, so soll das Wort, das aus meinem Munde geht, auch sein: Es wird nicht wieder leer zu mir zurückkommen, sondern wird tun, was mir gefällt, und ihm wird gelingen, wozu ich es sende.* (Jes 55,10-11)

Diese Verse illustrieren die in den voranstehenden Sätzen beschriebene Fremdheit von Gottes Gedanken: »Denn meine Gedanken sind nicht eure Gedanken und meine Wege sind nicht eure Wege, spricht der Herr.« (Jes 55,8-9) Gott selbst ist es, ja muss es sein, der die Fremdheit zwischen sich und den Gläubigen überwindet mit Hilfe seines Wortes und seines Geistes, wenn man das trinitarisch weiterdenkt.

In der theologischen Grundlegung des gemeinsamen Kirchenkreisprojekts wird die Reformation im Lichte dieses Jesajawortes verstanden:

Reformation: Gottes Wort setzt in Bewegung und bringt Frucht.

»Reformation: Gottes Wort setzt in Bewegung und bringt Frucht. Gott sendet sein Wort aus zu den Menschen wie Regen und Schnee vom Himmel auf die Erde fallen. So wie diese die Erde befeuchten und fruchtbar machen, so trägt auch Gottes

Wort Frucht. Es ist ein Wort der Tat und schafft Neues. Es ruft in Menschen den Glauben hervor, lässt neue Aufbrüche entstehen und verändert die Geschichte. In den christlichen Kirchen wird in aller Unterschiedlichkeit die glaubensentscheidende Begegnung zwischen Menschen und Gottes Wort ermöglicht. Evangelischer Glaube verdankt sich der Begegnung von Menschen mit Gottes Wort. Er setzt Menschen an verschiedenen Orten und auf verschiedene Weise in Bewegung. Hier liegt die Wahrheit des Satzes ›ecclesia semper reformanda‹.«

Die Idee der gemeinsamen Feierlichkeiten der vier Kirchenkreise ist, dass die Reformation nicht als kirchengeschichtliche Episode mit musealer Patina gefeiert werden soll, sondern dass wir im Jahr 2017 verstärkt Menschen – uns selbst – unter das Wort Gottes stellen wollen, um in die reformatorische Ursprungssituation zu kommen, nämlich das Wort zu hören, es mit dem Herzen zu empfangen und durch das Wort bewegt zu werden, welches vollbringt, wozu Gott es sendet. Die grundlegende Einsicht ist: Wenn wir als Kirche aufbrechen wollen, dann sollten wir dazu Gott den Raum geben, uns durch seinen Geist zu bewegen, nicht abgekoppelt vom Wort, schwärmerisch, sondern eben gebunden an sein Wort.

Neben einer internationalen Synode und einem großen, ökumenischen Fest der Begegnung ist das Projekt »Pilgerwege« aufgesetzt worden. In der theologischen Grundlegung heißt es dazu:

»Der Hebräerbrief beschreibt die Kirche als »wanderndes Gottesvolk«. Dieses Bild am eigenen Leibe zu erfahren vermittelt das Pilgern. Pilgern setzt innerlich und äußerlich in Bewegung und stiftet Weggemeinschaft zwischen Menschen unterschiedlicher geographischer und geistlicher Herkunft.

Pilgern führt die Menschen in Gottes Schöpfung und kann zum Staunen anleiten. Auf dem Weg können die Augen geöffnet werden für die in der Schöpfung offenbare Liebe des Schöpfers.

Pilgern bringt Menschen in Kontakt mit Gottes Wort (Andachten, Weg-Worte, besondere Ziele) und, wenn sie wollen, auch mit sich selbst. Auf dem Weg erfährt man Kräftigung, Mut, neue Hoffnung und Trost.«[1]

Am Anfang des Projekts Pilgerwege stand am 30.10.2016 ein Stadtpilgerweg in Krefeld. Begonnen wurde er mit einem Gottesdienst in der ehemals katholischen, seit der Reformation evangelischen »alten Kirche«, der ältesten der Stadt. Von da aus machten sich rund 200 Menschen auf einen liturgischen Stationenweg durch die Stadt, erst zur mennonitischen Gemeinde, die über die Jahrhunderte die Krefelder Stadtgeschichte maßgeblich geprägt hat, zur katholischen Citykirche, zur Mediothek der Stadt in Erinnerung an den Bildungsschwerpunkt der reformatorischen Bewegung und von da aus zur Friedenskirche, wo ein Empfang mit Grußworten der weltlichen Öffentlichkeit, des katholischen Bistums sowie Vertretern der jüdischen und der muslimischen Gemeinden den Weg abrundete. Die Grenzen zwischen Konfessionen und Religionen wurden durchlässig, Mauern abgebaut.

Die Grenzen zwischen Konfessionen und Religionen wurden durchlässig, Mauern abgebaut.

Der zweite Pilgerweg am 8.4.2017 verband die älteste protestantische Kirche des ehemaligen Jülicher Landes in Waldniel (1667) mit der ehemaligen Franziskanerkirche im niederländischen Roermond, der »Minderbroederskerk«, die seit Mitte des 19. Jh. Heimat der dortigen evangelischen Gemeinde ist. Die beiden Gemeinden feiern seit 1956 regelmäßige Gottesdienste gemeinsam mit Angehörigen der in der Region stationierten britischen Streitkräfte, die sog. Dreiländergottesdienste. Das war über etliche Jahrzehnte ein grenzüberschreitendes Versöhnungswerk an den ehemaligen Kriegsgegnern. Aber die Grenzüberschreitung ist schon viel älter, denn zur Zeit der spanischen Besetzung der Niederlande mit ihrer blutigen Verfolgung der reformiert geprägten Protestanten flohen etliche Niederländer des Glaubens wegen über die Grenze ins Jülicher Land, wo sie nicht nur Unterschlupf fanden, sondern auch ihren Glauben und ihre Ideen zum Kirchesein verbreiteten. Jahrhunderte reformiert geprägten Gemeindelebens bis in die 50er Jahre des 20. Jh. hinein verdankt sich dieser Grenzüberschreitung, aber auch die Verfassung der Ev. Kirche im

---

[1] Diese Verbindung von Wort, Weg und Schöpfung findet sich auch im Tagespsalm zum Montag in der Trinitatiszeit I im Evangelischen Tagzeitenbuch, Nr. 701., Göttingen 2003⁵: Antiphon: ER sendet sein Wort zur Erde, rasch eilt sein Befehl dahin; zu Ps 147,12ff: Preise, Jerusalem, den HERRN; lobe, Zion, deinen Gott! Denn er macht fest die Riegel deiner Tore und segnet deine Kinder in deiner Mitte. Er schafft deinen Grenzen Frieden und sättigt dich mit dem besten Weizen. Er sendet seine Rede auf die Erde, sein Wort läuft schnell. Er gibt Schnee wie Wolle, er streut Reif wie Asche. Er wirft seine Schloßen herab wie Brocken; wer kann bleiben vor seinem Frost? Er sendet sein Wort, da schmilzt der Schnee; er lässt seinen Wind wehen, da taut es. Er verkündigt Jakob sein Wort, Israel seine Gebote und sein Recht. So hat er an keinem Volk getan; sein Recht kennen sie nicht. Halleluja!

Rheinland wurde maßgeblich durch das Gedankengut der niederländischen Glaubensflüchtlinge geprägt. Als es den nieder-
rheinischen Protestanten dann nach dem Westfälischen Frieden
erlaubt wurde, ein eigenes Bethaus zu bauen, organisierte die Gemeinde aus Geldnot heraus eine Kollektenreise, die über weite
Strecken und mit Erfolg niederländisches Geld einbrachte. Die
Glocke wurde 1706 in Amsterdam gegossen. Das ist frühe protestantische Ökumene über Grenzen hinweg. In der Zeit der Ge-
meindepartnerschaften BRD–DDR war auch die niederländische
Gemeinde daran beteiligt.

Ausgeschrieben war der Pilgerweg von Waldniel nach Roermond in ökumenischer Weite und es nahmen neben vielen Protestanten, auch eine große Zahl Katholiken teil, u.a. Mitglieder
der am Niederrhein und in der Eifel verbreiteten Matthiasbruder-
schaften, die gewöhnlich zum Hl. Matthias nach Trier pilgern.
Zusammen mit einigen Niederländern machten sich rund 150
Deutsche aus der gesamten Region auf den Weg. Der Fußweg von
28 Kilometern war an sich eine die körperlichen Grenzen über-
schreitende Erfahrung für die meisten Teilnehmenden zwischen
11 und 78 Jahren. Der Weg war liturgisch strukturiert: Neben Ge-
bets- und Gesangsstationen gab es das gemeinsame Kennenler-
nen auf dem Weg, die Besinnung auf die das eigene Leben über-
schreitende Erfahrung des Glaubens, der Austausch über selbst
erlebte Grenzerfahrungen anlässlich der Überquerung der Grenze zu den Niederlanden – das waren etliche Grenzüberschreitungen in verschiedenen Hinsichten, die zusammen einen wunderbaren Tag ergaben. An den vielen gelösten Gesichtern beim
niederländisch-deutschen Schlussgottesdienst konnte man erkennen, dass viel Gutes auf dem Weg geschehen war.

Die beiden noch ausstehenden Pilgerwege überwinden Grenzen anderer Art:

Auf der »Sophienhöhe« in der Nähe der Stadt Jülich, einer rie-
sigen Abraumhalde des Braunkohletagebaus, die die bedeutendste Erhebung des ansonsten flachen Niederrheins ist, kann man
erleben, wie sich die Natur ihr Terrain wieder zurückholt: Mittlerweile ist die Halde beeindruckend bewaldet und man kann außer
auf den angelegten Wegen kaum noch erkennen, dass hier Menschen am Werk gewesen sind. Man kann sagen, dass die durch
Menschen aufgerissene Wunde – hier jedenfalls – wieder geschlossen wird. Neues Leben wächst aus dem Tod, eine Grenzüberschreitung ganz besonderer Art. Die Sophienhöhe pilgernd
zu besteigen, lässt in den anstrengenden Phasen des Aufstiegs ein
Teil des Kreuzes spüren, das auf dem Leben liegt, auch auf dem
der Schöpfung. (Röm 8,20) Oben angekommen aber kann im

Aufatmen und in den wunderbaren Aussichten auf das umgebende Gebiet die lebendige Schöpfermacht Gottes erfahren werden.

Der letzte Pilgerweg, der die Reformationsfeierlichkeiten der vier Kirchenkreise abschließen wird, führt am 29.10.2017 zu den Anfängen des Christentums in der Eifel: In ökumenischer Gemeinschaft pilgern Protestanten und Katholiken zwischen Gemünd und Schleiden zur ältesten Taufstelle der Eifel am Fluss Olef. Hier entschieden sich Lebenslinien, hier änderten Menschen die Richtung ihres Denkens und Hoffens. Gottes Wort kehrt nicht leer zu ihm zurück; es überwindet auch Grenzen zu anderen Religionen. Die im Rahmen der Missionsgeschichte zu beklagenden Übergriffe sollen hier nicht verniedlicht werden; auch im Rahmen der Ausbreitung des Protestantismus ist Unrecht geschehen, wie zum Beispiel an den Täufern, die es auch in der Eifel gegeben hat. Aber jenseits dessen ging es und geht es darum, dass das Wort mit Hilfe des Geistes weitergetragen wird und die Kraft hat, Menschen neu zu orientieren. Dass die Taufe innerchristliche Grenzen überwindet, weil der Leib Christi, in den die Taufe einfügt, nur einer ist, wird in der abschließenden gemeinsamen Tauferinnerungsfeier erfahrbar, die im ökumenischen Gottesdienst in der katholischen Schlosskirche geplant ist. Dies soll die Beteiligten über die großen und allen Getauften geltenden Verheißungen Gottes gewiss und froh machen und so für den Weg in die Zukunft stärken und orientieren.

Was das gemeinsame Pilgern erfahrbar macht, ist, dass Christen unabhängig von ihrer Denomination zusammengehören und gemeinsam auf dem Weg sind, ob sie es im Alltag nun wissen und erleben oder nicht. Gottes Wort kehrt nicht wieder leer zu ihm zurück. Es überwindet Grenzen; es führt die, die sich von ihm bewegen lassen, über Grenzen hinweg; es führt zu besonderen Lebensperspektiven; es verbindet Menschen über Grenzen hinweg; es vollbringt, wozu Gott es sendet. Man kann die vergangenen 500 Jahre unter diesem Blickwinkel betrachten und man wird an vielen Stellen die Evidenz dieser Betrachtung bezeugen können.

Das Pilgern ist nicht nur eine besondere Art der Fortbewegung, sondern es kann symbolhaft für das Ganze christlicher Existenz stehen. Die Kirche ist als »wanderndes Gottesvolk« nichts Anderes als eine große, vielgestaltige Pilgergruppe. Wer aktiv pilgert, bekommt davon eine Ahnung.

Dr. Harald Ulland (*1964) ist Pfarrer der Evangelischen Kirchengemeinde Waldniel und Synodalassessor des Kirchenkreises Gladbach-Neuss. Er ist Bruder im rheinisch-westfälischen Konvent der Evangelischen Michaelsbruderschaft.

Gottes Wort kehrt nicht wieder leer zu ihm zurück. Es überwindet Grenzen; es führt die, die sich von ihm bewegen lassen, über Grenzen hinweg.

Grenz-Erfahrungen –
Ein Halbmarathon in Ruanda

von Gunther Dilling

Ein Grenzgänger bin ich nicht. Und Grenzerfahrungen suche ich nicht. Aber was es bedeutet, an Grenzen zu gehen und zu entdecken, wie Grenzen unser Denken und Handeln prägen, habe ich vor kurzem erfahren. Bei meinem Lauf für Ruanda.

Anfang 2016. Unsere Silberhochzeit steht vor der Tür. Wir kommen zu dem Schluss, statt einer großen Feier eine sportliche Herausforderung anzunehmen und gemeinsam einen Halbmarathon zu laufen. Viele Jahre lang habe ich mich zwar bewegt, aber nicht wirklich Sport gemacht. Ich schaue mir Trainingspläne an und fange an, sportlich zu werden. Die Zeit der Frühblüher kommt und hemmt meinen Einsatz. Im Mai 2016 laufen meine Frau und ich unseren Halbmarathon und schaffen es ins Ziel. Es war nicht so schwer, wie befürchtet.

Herbst 2016. In meinen Händen liegt ein Flyer der Gruppe 4M, die für eine Reise nach Ruanda wirbt. Reise ist nicht das zutreffende Wort. Es ist ein Event, ein Abenteuer, eine sportliche und mentale Herausforderung und nennt sich »Muskathlon«. Wer teilnimmt, muss einen halben oder ganzen Marathon laufen oder eine längere Strecke biken und 10.000 Euro Spenden sammeln. Die Spenden kommen dem internationalen christlichen Kinderhilfswerk Compassion zugute. Ich merke, wie die Faszination für dieses Abenteuer beginnt – und ebenso schnell mir vertraute innere Grenzen auftauchen. Afrika ist weit weg und mir völlig fremd. Hilft die Aktion wirklich den Menschen vor Ort? In Afrika einen Langstreckenlauf absolvieren? Schaffe ich das? Ist das nicht nur eine Sache für Typen, die sich etwas beweisen müssen? Aber ich habe Lust auf Neues und hoffe, etwas zu finden, was mir Einsatz und Leidenschaft abfordert.

Ich habe Lust auf Neues und hoffe, etwas zu finden, was mir Einsatz und Leidenschaft abfordert.

Ende des Jahres 2016. Ich habe mich angemeldet zum Muskathlon 2017 in Ruanda. Die inneren Barrieren sind nicht vollständig gefallen. Es gibt immer noch viele Fragen, die offen bleiben. Ich merke jedoch, dass es mir gut tut, mich für eine Sache zu entscheiden, ja zu sagen und mich auf dem Weg zu machen. Nicht aus einer Laune heraus, sondern nachdem ich das Für und Wider abgewägt habe, mit mir wichtigen Menschen darüber gesprochen und darüber gebetet habe. Aber es tut mir gut, ein Ja zu einer Herausforderung zu finden, auch wenn noch eine Fülle von Hindernissen genommen werden muss und auch wenn ich in

Kauf nehme, dass sich die eine oder andere unüberwindbare Grenze auftut.

110 Sportler haben sich für den Muskathlon 2017 in Ruanda angemeldet. Die meisten kommen aus den Niederlanden, England, der Schweiz und Deutschland. Die Unterstützung bei der Reisevorbereitung durch 4M ist hervorragend und ebenso die gesamte Organisation während der Zeit in Ruanda. Von Anfang an habe ich das Gefühl, dass ich mich mit vielen anderen gemeinsam auf einen Weg mache. Und von Anfang an und durchgehend legt 4M sehr viel Wert darauf, dass diese Herausforderung nicht der Selbstverwirklichung dient, sondern dass es darum geht, eigene Grenzen zu überschreiten, um anderen Menschen zu begegnen und ihnen im Namen Jesu zu dienen. Ich habe mich in der Vorbereitung oft gefragt (und wurde von vielen gefragt), ob das nur eine schöne Formulierung ist oder erfahrbare Wirklichkeit. In den Tagen in Ruanda und in den Wochen und Monaten danach habe ich erlebt und begriffen, dass der Dienst am Nächsten oft (oder immer?) damit einhergeht, die eigene Komfortzone zu verlassen und dazu nötigt, Grenzen zu überschreiten und dass es mir auf der anderen Seite sehr viel leichter fällt, an meine Grenzen zu gehen, wenn ich weiß, dass ich nicht der einzige bin, der davon profitiert, sondern andere Menschen einen vielleicht noch viel größeren Gewinn davon haben. In meinem Fall: Ruanda.

Ruanda ist ein kleines Land im Herzen Afrikas. Es grenzt an Uganda, die Demokratische Republik Kongo und Tansania. Ruanda hat etwa 12 Millionen Einwohner und ist mit 432 Einwohnern pro Quadratkilometer das am dichtesten bevölkerte Land Afrikas. Von 1884 bis 1916 war Ruanda deutsche Kolonie und danach belgisches UN-Mandatsgebiet. 1962 wurde Ruanda unabhängig. Aus der Zeit der Kolonialmächte stammt die Einteilung des eigentlich durch gemeinsame Kultur und Sprache verbundenen einheitlichen Volkes in die Rassen der Tutsi und Hutu. Schon in den 50er und 60er Jahren des zwanzigsten Jahrhunderts kam es zu Konflikten zwischen diesen Bevölkerungsgruppen. Im Jahre 1994 eskalierte der Konflikt. Die Gewalttaten der Hutu-Mehrheit an der Bevölkerungsgruppe der Tutsi brachten über 800.000 Menschen den Tod. Die Welt schaute zu und tat nichts. Dieser Völkermord prägt nach wie vor das Land. Während meiner Reise besuchten wir auch eine der vielen Gedenkstätten. Auch das war eine Grenzerfahrung. Es taucht in mir immer wieder eine Frage auf: Wie kann es sein, dass Menschen ihre innere Grenze überschreiten, die Schwelle, die uns von Hass und grundloser Gewalt zurückhält, und sich zu Brutalität und Menschenverachtung hinreißen lassen? Mit der Bürde unserer deutschen Vergangenheit nehme ich diesen Teil der ruandischen Geschichte sehr demütig wahr und es beschämt mich, dass unser Volk auch zu diesem Völkermord einen Teil beigetragen hat.

Würde man von Deutschland nach Ruanda auf dem Landweg reisen, müsste man mindestens 13 Grenzen überschreiten. Mit dem Flugzeug dagegen in ein fernes Land zu reisen, fühlt sich für mich an, als ob man kurz am Globus dreht und sich auf einmal auf der anderen Seite der Kugel befindet. Nur am Flughafen merke ich kurz, dass ich die Grenze zu einem anderen Land überschreite. An der Kontrolle im Flughafen muss ich ein Visum und eine Bescheinigung über eine aktuelle Gelbfieberimpfung vorlegen. So habe ich am 11. Mai 2017 die Grenze zur Republik Ruanda (in der Landessprache Kinyarwanda »Repubulika y'u Rwanda«) überschritten.

Noch einmal zurück nach Deutschland und meiner Vorbereitung auf den Muskathlon: Neben der sportlichen Vorbereitung gilt es, 10.000 Euro Spenden zu sammeln und zwar für ein Hilfswerk, das Jesus und seine verändernde Kraft im Blickpunkt hat. Das ist eigentlich schon eine Herausforderung genug. Die Kunst ist, Menschen für eine Sache zu gewinnen, die sie nicht kennen und sie allein dadurch zu begeistern, dass ich zeige, wie sehr ich von der Sache überzeugt bin und extremen Einsatz dafür zeige. Es ist zugleich eine gute Gelegenheit, von meinem Glauben zu erzählen. Ich schäme mich nicht für meinen Glauben, aber es gibt Themen, über die ich deutlich leichter ins Gespräch komme. Bei der Suche nach Unterstützern für mein Ruanda-Projekt merke ich, wie gut es ist, wenn ich einen konkreten Anlass habe und erzählen kann, wie der Glaube mich konkret bewegt und verändert. In den Begegnungen und Gesprächen mit (potentiellen) Sponsoren, mache ich viele gute Erfahrungen. Die meisten reagieren überrascht, interessiert, beeindruckt und sind bereit, mich und damit das Projekt zu unterstützen. So erfahre ich, dass die innere Grenze, die sich in mir oft auftut, wenn es darum geht, andere an meinem geistlichen Leben teilhaben zu lassen, keine unüberwindbare Barriere ist. Am Ende sind knapp 15.000 Euro an Spenden und Patenschaftszusagen zusammengekommen. Sie kommen nur in geringem Umfang aus dem gemeindlichen Umfeld, viel Unterstützung habe ich aus meinem beruflichen Umfeld als Notar bekommen, seien es Mandanten, Banken oder Steuerberater. Manche haben mich mit ihrer Freigebigkeit überrascht, ebenso manche mit ihrer Zurückhaltung. Ein Nein eines guten Freundes trifft mich besonders. Dabei hätte ich die Grenzen früher wahrnehmen und achten sollen, die mir mein Gegenüber setzt. Überzeugt von der eigenen Sache und in Euphorie, wenn vieles gelingt, werde ich schon einmal blind, wenn andere Grenzen setzen, die es aus Respekt und Wertschätzung für mein Gegenüber zu wahren gilt. Die Mischung aus Begeisterung und Zurückhaltung, Unterstützung und Ablehnung ist wertvoll, weil ich nur so auf dem Boden bleibe. Es gibt auch viele andere Wege, Gutes zu tun.

In Ruanda kann ich schon in den ersten Tagen erfahren, dass das Geld ankommt und in echte Hilfe umgesetzt wird. Wir besuchen einige Compassion-Zentren. Überall gibt es ein herzliches Willkommen. Mit Stolz und Selbstbewusstsein berichten Gemeindeleiter und Mitarbeiter von Compassion über ihre Arbeit. In Gesprächen mit Familien und jungen Menschen, die als Kind einen Paten hatten, wird schnell deutlich, dass Bildung der Weg aus der Armut ist und dass von der Unterstützung eines Kindes häufig die ganze Familie profitiert. In Ruanda wird mir vor allem bewusst, dass Bildung viel mehr ist, als Wissensvermittlung. Bildung schafft die Fähigkeit zur Kritik und Differenzierung und erleichtert es, Probleme zu erkennen und Lösungen zu entwickeln. Trotz vieler Fortschritte ist Ruanda immer noch ein sehr armes Land. Um aus dem Kreislauf der Armut auszubrechen, helfen oft schon kleine Maßnahmen, wenn sie nachhaltig sind: sauberes Wasser organisieren und dass man dazu in der Regel das Wasser abkochen muss, Gesundheitsvorsorge und nicht erst Medizin bei Krankheit. Oder, dass man einen Kleinkredit leichter zurückzahlen kann, wenn man Woche für Woche einen Betrag zurücklegt und nicht erst am Tag vor der Fälligkeit die Verwandtschaft um Hilfe bittet. Damit ist es natürlich nicht getan. Das Land benötigt nicht nur eine gute Bildung in der Breite der Bevölkerung, sondern auch qualifizierte Fachkräfte. Auch wenn die Grundschule einschließlich der höheren Klassen gebührenfrei ist, so ist sie doch nicht kostenfrei. Um eine Schule zu besuchen, brauchen die Schüler eine Schuluniform, Schulmaterialien, Schuhe usw. All das kostet Geld. Gebührenfrei ist auch nur der Besuch der örtlichen Schule, ein Studium ist nur dem möglich, der ein weiterführendes, kostenpflichtiges Internat besucht hat. Weil nur sehr wenige Familien über diese finanziellen Mittel verfügen, ist es für ein Kind ein großes Glück, einen Paten zu finden, der diese Unterstützung vom Kleinkindalter an übernimmt. Compassion setzt hier an und vermittelt diese Patenschaften. Was aus dem fernen Deutschland nur Theorie ist, kann ich bei meinem Aufenthalt in Ruanda vor Ort erleben. Die Patenschaften werden intensiv gelebt und gepflegt und verändern Kinder und ihren Lebensweg nachhaltig. Hier mache ich wieder eine Erfahrung mit Grenzen und Barrieren: Armut gilt für viele Menschen in Ruanda als eine fast

In Ruanda wird mir vor allem bewusst, dass Bildung viel mehr ist, als Wissensvermittlung. Bildung schafft die Fähigkeit zur Kritik und Differenzierung und erleichtert es, Probleme zu erkennen und Lösungen zu entwickeln.

unüberwindbare Grenze, auch in Zeiten der Globalisierung und der staatlichen und nicht-staatlichen Hilfen von außen in Infrastruktur, Gesundheitsprogramme und Wirtschaftsförderung. Was bringt es da, einem Kind einen Schulbesuch zu ermöglichen? Was nur als Tropfen auf dem heißen Stein aussieht, beschreiben Menschen in Ruanda als einen Tropfen, der mit vielen anderen ein Wasserfass füllt. Diese Erfahrung macht Mut, an dieser Hilfe dran zu bleiben, auch aus dem fernen Deutschland. Mut macht auch, immer wieder zu hören, dass unser Besuch, unser »Vor-Ort-Sein« eine große Bedeutung hat. Das habe ich in der Vorbereitung immer wieder bezweifelt und, wenn einmal Kritik an meinem Ruanda-Projekt geäußert wurde, dann war es dies: Muss man dazu wirklich hinfliegen, einen großen ökologischen Fußabdruck hinterlassen und als der reiche, weiße Geldgeber auftauchen? Ich erlebe das Gegenteil. »Dass ihr euch auf den Weg macht und uns und unser Land besucht, das bedeutet uns mehr als euer Geld.« So die Worte eines anglikanischen Bischofs, die ich in ähnlicher Weise auch von Compassion-Mitarbeitern und Leitern der Gemeinden vor Ort gehört habe. Das »Vor-Ort-Sein« schafft auch Gelegenheit für etwas Anderes, was aus der Ferne nur schwer vermittelbar ist: Dass auch wir aus der Sicht der Ruander der Hilfe bedürfen und aus diesem Grund mit vielen Segenswünschen und Gebeten ausgestattet werden. Unser Kommen ist keine Einbahnstraße, auch wir haben zu lernen. Für mich persönlich ist es vor allem Zusammengehörigkeit und Gemeinschaft. In einem afrikanischen Sprichwort heißt es: »Um ein Kind zu erziehen, braucht man ein ganzes Dorf«. Ein Beispiel für die auch praktisch gelebte Gemeinschaft ist der sog. »Gemeinschaftstag«, der »Umuganda-Day«, an dem jeder per Gesetz aufgerufen ist, gemeinsam mit anderen aufzuräumen, Bäume zu pflanzen oder Straßen auszubessern und um Probleme ganz allgemeiner Art zu erörtern. Dass dieses Land gerade nach dem Genozid besonders viel Wert auf das Zusammenleben und gemeinschaftliches Handeln legt, ist besonders beeindruckend und es ist unschwer zu erkennen, dass wir in unserem Land hier erheblichen Entwicklungsbedarf haben. 4M, das die Reise organisiert, hat von Anfang an viel Wert darauf gelegt, dass unser Aufenthalt im Land nicht zum Armentourismus wird und auf unserem Weg zurück in die Heimat komme ich zu der Überzeugung, dass dies gelungen ist. Wir kommen als Beschenkte zurück.

Und dann geht es ja noch um eine ganz besondere sportliche Herausforderung: Laufen. Mitten in Afrika soll und will ich einen Halbmarathon laufen. Ruanda ist ein Hochland. Das hat – aus sportlicher Sicht – den Vorteil, dass auch tagsüber für einen Mit-

»Dass ihr euch auf den Weg macht und uns und unser Land besucht, das bedeutet uns mehr als euer Geld«.

teleuropäer noch angenehme Temperaturen herrschen. Allerdings den Nachteil, dass man in größerer Höhe läuft und es im »Land der 1000 Hügel«, wie Ruanda gerne genannt wird, nur wenige ebene Strecken gibt. Der Lauf findet auf 1800 bis 1900 m Höhe statt und es sind einige Höhenmeter zu überwinden. Ich bin ein ziemlich durchschnittlicher Freizeitläufer. Einen Halbmarathon laufe ich nicht aus dem Stand heraus und die 2-Stunden-Zeit war bislang eine unüberwindbare Grenze. Also ist gute Vorbereitung angesagt. Ich habe das Glück, einen Lauftrainer für mein Projekt zu gewinnen, der für mich maßgeschneiderte Trainingspläne schreibt und mich immer wieder motiviert. Ich ahne, dass es im Sport darum geht, seine eigenen Grenzen gut einzuschätzen und sie behutsam zu erweitern. Die Trainingsläufe werden immer länger, kurze schnelle Einheiten werden intensiver. Als ich etwa zwei Monate vor dem Abflug nach Ruanda Knieprobleme bekomme, fürchte ich, meine Grenzen überschritten zu haben. Ich suche Physiotherapeuten und Ärzte auf, Freunde und Bekannte machen mir Mut und beten für mich, andere schütteln den Kopf ob so viel Einsatz, Tests und Konsultationen. Ich schraube mein Training deutlich zurück. Am Wettkampftag gibt es um 4 Uhr 30 Frühstück, Start ist um 7 Uhr. Ich laufe die ganze Strecke ohne Knieprobleme und bin Gott sehr dankbar. Die Höhe macht allen zu schaffen und das letzte Drittel ist wirklich hart. Bei einem Hobbylauf hätte ich schon längst gesagt, dass ich an meine Grenzen gekommen bin und nichts mehr geht. Hier in Afrika und im Wettkampf geht noch mehr. Überall an der Strecke stehen Menschen, schauen bewundernd, klatschend, häufig aber auch fragend und irritiert zu. Die Kinder haben ihren Spaß und als im letzten Dorf vor dem Ziel scheinbar nichts mehr geht, laufen einige lachend und kichernd barfuß ein Stück weit mit. Zeiten zählen bei diesem Lauf nicht, es geht um Dabeisein und Ankommen und darum, damit extremen Einsatz zeigen. Glücklich und erschöpft komme ich ins Ziel. Im Sport soll man seine Grenze nicht überschreiten, das ist ungesund. So mache ich eine weitere Grenzerfahrung: dass es Grenzen gibt, die man nicht einfach so überschreiten soll, aber Stück für Stück verschieben und so sein Gebiet erweitern kann. Das ist anstrengend, sehr sogar, und kostet mich immer wieder Überwindung. Aber es geht viel leichter mit einem klaren Ziel vor Augen. Mir hilft es dabei sehr, dass ich nicht nur für mein Ego laufe, sondern – wenn auch nur über Umwege (Laufen, Sponsoren, Compassion, Patenkinder, Bildung in einem afrikanischen Land) – anderen damit etwas Gutes tun kann.

Bei meinem »Lauf für Ruanda« habe ich sehr unterschiedliche Erfahrungen mit Grenzen gemacht. Zum einen mit inneren

Grenzen. Mit Grenzen, die mir meine Bequemlichkeit setzt und die ich überwinden muss und kann, um mich in Bewegung zu setzen und eine Herausforderung anzunehmen, die ich nicht aus dem Stand heraus bewältige. Mit Barrieren, die mich von manchem wertvollen Kontakt und Gespräch abhalten. Aber auch mit Grenzen, die mir andere setzen, wenn sie meine Sache nicht unterstützen. Nicht missen möchte ich auch die Erfahrungen mit Grenzen, die uns zwischen Ländern und Kulturen gegeben sind. Sie signalisieren für mich auch im übertragenen Sinne, dass ich ein anderes Land betrete. Vieles darf ich mitbringen und Hilfe ist willkommen, aber eine dienende, lernende Haltung ist, um im Bild zu bleiben, der Zoll, der darauf erhoben wird. Als Beschenkter darf ich das Land wieder verlassen. Und dann gibt es noch die Grenzen, die mir mein Körper setzen will, die mich ab und an ärgern, die ich erweitern will und kann, wenn ich behutsam vorgehe.

An Grenzen zu stoßen, ist nicht immer angenehm. Grenzen sagen auf den ersten Blick: Hier geht es – zunächst – nicht weiter. Das ist wohl der Grund, warum wir oft schon weit vor der Grenze Halt machen. Meine Erfahrung aus dem Lauf für Ruanda ist: In meiner Komfortzone bleibe ich, wie ich bin; hier verändert sich wenig. Wenn ich Grenzen überwinde oder erweitere, lerne ich Neues kennen. Hier begegne ich auch Gott neu und tiefer. Eine solche Art von Grenzerfahrung ist für mich Gotteserfahrung. Sie ist nicht nur etwas für extreme Situationen, sondern kann für mich zu einer Lebenshaltung werden.

Die Bibel ist voll von Berichten über Menschen, die nicht stehen bleiben, wo sie sind, sondern sich aufmachen und häufig an Grenzen stoßen. Man hat fast den Eindruck, als ob Gott solche Grenzgänger besonders liebt bzw. Menschen herausfordert, bis sie an ihre Grenzen kommen. Und es scheint so, als ob Gott gerade dort, wo Menschen an ihre eigenen Grenzen stoßen, handelt und verändernd in unser Leben eingreift. Petrus ist für mich ein solcher Grenzgänger. Auf dem Wasser gehen, sich, während Jesus verhört wird, unter die römischen Wachleute mischen und dabei Jesus verleugnen, am helllichten Tag die Netze auswerfen: So hat Petrus zu einer tiefen Beziehung zu Jesus gefunden. An der Grenze sind wir auf Jesus hingeworfen, ganz und gar von ihm abhängig. Das nimmt mir die Angst, dort zu scheitern, wo es eigentlich nicht weitergeht und macht mir Mut, Neues zu wagen.

Gunther Dilling (*1967) lebt als Notar in Nierstein/Rheinhessen.

Bücher

Konrad Paul Liessmann, Lob der Grenze. Kritik der politischen Urteilskraft, Paul Zsolnay Verlag, Wien 3. A. 2012, 208 Seiten, 18,90 Euro. ISBN 978-3552055834

Gleich zu Beginn eine Mahnung zur Vorsicht an alle, die einen Buchtitel mit einer womöglich provokanten Schlagzeile verwechseln und beim flüchtigen Lesen einer solchen entweder die zigsten Betrachtungen zur stacheldrahtbewehrten EU-Südgrenze in Marokko oder gar zum Trumpschen Mauerbauprojekt, ebenfalls im Süden, diesmal aber gen Mexiko, erwarten.

Sie sind ebenso auf dem Holzweg wie jene, die auf romantisierende Reminiszenzen des einst im grenznahen Villach geborenen Autors im Blick etwa auf die schmugglerfreundliche »Grüne Grenze« zwischen dem damals noch unter Besatzung stehenden Österreich und dem – lang ist's her! – von Tito regierten Jugoslawien hoffen.

Nun: Nichts gegen die Diskussion manchmal beklemmender Aktualitäten, ebenso wenig wie gegen ein »Damals«, das andernorts sehr wohl ein »Heute« sein kann.

Aber: Bei den genannten Themen geht es immer um Menschen und deren Grenzerfahrungen.

Dies verlangt neben Empathie vor allem eine genaue, man könnte auch sagen »trennscharfe« Analyse der jeweils als gegeben angesehenen Situation.

Zugespitzt formuliert: Wer über Grenzen redet, sollte geklärt haben, was alle Beteiligten darunter verstehen.

Genau darum geht es dem Wiener Literaturprofessor Konrad Paul Liessmann. Er stimmt keine Lobeshymne auf Grenzen welcher Art auch immer an, sondern legt uns eine »Kritik der politischen Unterscheidungskraft« vor, die, elegant und pointensicher geschrieben, von der ersten bis zur letzten Zeile den Beweis dafür liefert, dass genaues Nachdenken nicht nur notwendig ist, sondern auch schlicht und ergreifend Spaß machen kann.

Schon das Vorwort hat es »in sich«: Liessmann beginnt ohne Scheu gleich mit dem Rückgriff auf Hegel und führt uns innerhalb weniger Zeilen zielsicher zu der Erkenntnis: Kritik und Krise haben – etymologisch gesehen – den gleichen Ursprung. »Eine Krise … ist eine Phase, in der sich die Dinge scheiden. Das griechische Verb krinein bedeutet trennen oder unterscheiden, die davon abgeleitete kritike techne, die Kritik, bezeichnet die Kunst der Beurteilung, die auf der Fähigkeit beruht, zu unterscheiden

… Kritik und Krise stammen aus derselben sprachlichen Wurzel, und sie markieren Grenzen.«

Damit ist der Weg nicht weit zu der Erkenntnis, dass echte Krisen sehr wohl fruchtbar zumindest für gehörigen Erkenntnisgewinn sein können, es aber auch ständig neue »Krisen« gibt, die bloß herbei geredet werden, um dem weniger beurteilungssicheren Zeitgenossen das eine oder andere anstrengende Zugeständnis abzuhandeln.

Die hier angedeutete Argumentationskette ist beispielhaft für Liessmanns Vorgehen: Zu Hause in mehr als zwei Jahrtausenden philosophischer Denk- und somit Unterscheidungsarbeit nutzt er seine dortige Beheimatung, um engagiert und sachbezogen Stellung zu tatsächlich oder vermeintlich zeitrelevanten Themen zu beziehen.

Zu Hilfe kam ihm dabei zweifellos die Entstehungsgeschichte seiner Betrachtungen, fußt sein »Lob der Grenze« doch auf einer Sammlung von Vorträgen und Essays, verfasst allesamt zu »konkreten« Themen, jedoch immer mit der Erkenntnis, dass eben nichts konkreter ist als eine gute Theorie. Dies bedeutet für Liessmann wiederum konkret, »dass die Frage der Grenze in einem begriffsschärfenden und in einem lebensweltlich-politischen Sinn manche dieser Texte und Reden verband.«

Die Grenze wurde also zur Leitlinie, ja beinahe schon zu einer Art »Geländer«, an dem der Autor und wir uns in Begleitung analytisch profunder Vorfahren und Zeitgenossen durch die Abgründe unserer Gegenwart tasten können.

Spätestens jetzt ahnt man: Für Liessmann hat die Existenz von Grenzen, gerade auch im staatlichen Bereich, zunächst einmal eine Schutzfunktion. Ein »starker« Staat sorgt gemeinhin dafür, dass seine Bürgerinnen und Bürger in seinen Grenzen sicher ihrem Handel und Wandel nachgehen können. Und: Sollte ein Rechtsstaat noch existieren, wird er Grenzen aufrichten, die die Menschen vor den grenzverachtenden Neigungen manches unmittelbaren Nachbarn schützen.

Zugleich wird deutlich, wogegen sich Liessmann abgrenzt: Gegen eine Freiheitsrhetorik etwa im Blick auf ein schier grenzenloses »Europa«, die dann doch nur all jenen zu Diensten ist, denen funktionierende Staatlichkeit bei der Erreichung ihrer profitorientierten Interessen im Wege steht. Hier werden Liessmanns Pointen geradezu bitter, wenn er etwa ausmalt, der Sozialstaat sei immer mehr ein »Sozialstaat« geworden, eine Institution, »die, während die großen Kapitalien steuerschonend um den Erdball wandern, von den nicht sonderlich begüterten Unselbständigen und Immobilen jene Steuern erpresst, die notwendig sind, um die Armen und Arbeitslosen zu unterstützen und eine gerade noch ausreichende Infrastruktur für jene zu errichten, die sich die Qualitäten privater Institutionen nicht leisten können.«

Wer jedoch nun glaubt, Liessmann einer der unzähligen philosophisch-soziologischen »Schulen« zuordnen und damit zugleich je nach eigener Couleur be- oder abwerten zu können, handelt vorschnell, wird dem Wiener Philosophen kaum gerecht, denn: Liessmann fühlt sich nicht den Denkern, sondern dem Denken verpflichtet.

Seine manchmal durchaus galligen Pointen stehen in keinem Widerspruch zu seiner grundsätzlich »humanistischen« Grundeinstellung. Seine Argumentation ist geprägt von der Überzeugung, dass die menschliche Vernunft das geeignete Werkzeug ist, im Blick auf die kleinen und großen Fragen unserer Gegenwart zu tragfähigen Antworten zu kommen.

Diese Überzeugung ermöglicht ihm die Verknüpfung auch scheinbar unterschiedlichster Ansätze. Hier erweist er sich als geradezu lustvoller Grenzgänger zwischen Antike und Neuzeit, zwischen Augustinus, Marx und Hannah Arendt.

Und – wiederum via negativa – lässt er hoffen: Seine Analyse der so oft diskutierten »Risikogesellschaft« mündet in der Wahrnehmung, dass wir heutzutage, statt etwa auf Gottes Kommen zu hoffen, nur noch auf »es« starren, das da in Zukunft auf uns zukommt. Bemüht, möglichst sämtliche Risiken der unkalkulierbaren Zukunft berechnend zu minimieren, reduzieren wir konsequent unseren Handlungsspielraum und verpassen so nebenbei die Gegenwart. Eine Anfrage auch an die Zahlenspielereien der evangelischen Landeskirchen im Umgang mit dem »demographischen Faktor« und dem zu erwartenden Kirchensteueraufkommen.

Großes Lob also dem »Lob der Grenze«! Liessmann gelingt es, Ethik nicht mit Moral zu verwechseln. Deswegen kommt er gänzlich ohne wohlfeile Appelle aus. Das macht Mut und ist jederzeit empfehlenswert. *Axel Mersmann*

Peter Modler, Lebenskraft Tradition. Alte Botschaften – neue Kontinente, Münsterschwarzacher Kleinschriften Band 146, Vier-Türme-Verlag, Münsterschwarzach 2004, 108. S., 6,60 Euro. ISBN 978-3878686460

Peter Modler beschreibt, wie er die christliche Tradition als Quelle von Lebenskraft entdeckte. Er ermuntert den Leser, gewohnte Sehweisen auf alte, scheinbar verstaubte Glaubenstraditionen zu

verlassen, eigene (Vor-) Urteile in Frage zu stellen und sich mit einem neuen Blick auf Entdeckungsreise zu machen.

Eine Reise, die für Peter Modler auch weit weg von der christlichen Tradition hätte enden können. Denn in seiner persönlichen Glaubensgeschichte hat er die kirchliche Tradition von ihrer engstirnigen und repressiven Seite kennengelernt. Er studierte in den siebziger Jahren katholische Theologie mit der Absicht als Lehrer Religion zu unterrichten. Aufgrund seines exponierten Engagements in der Umweltschutzbewegung belegte ihn der Bischof mit Berufsverbot. Sein geplantes Lebensziel wurde somit unerreichbar, worauf er seine Lebensplanung ändern musste. Nach diversen Stationen etwa als Facharbeiter ist er nun als Unternehmensberater tätig.

Was aber bewegt ihn nun, sich bewusst zur Tradition der katholischen Kirche zu bekennen? Er beginnt mit einer gesellschaftlichen Beobachtung: »*Es gibt viele Möglichkeiten, sich unbeliebt zu machen. Eine besonders sichere ist die, außerhalb kirchlicher Kreise durchblicken zu lassen, dass man zur Glaubenstradition der Christen gehört.*« Weiter fragt er sich: »*Warum aber erscheint das Gespräch über sie* (er meint andere Religionen wie z. B. den Buddhismus) *hierzulande geradezu als Ausdruck von Weltläufigkeit, von Kultiviertheit und Toleranz, wohingegen die Tradition der Christen so unattraktiv und unelegant, ja geradezu steinzeitlich wirkt?*«

Er gibt eine Antwort mit einem Bild aus der Lebenswelt des Zimmermannes, einem seiner vielen Berufe: Einem Hausherrn ist sein Haus von Innen und Außen vertraut, er glaubt sein Haus zu kennen. Die wenigsten steigen jedoch auf das Dach ihres Hauses, von oben hat er sein Haus noch nie gesehen. Die Mühe, die verrostete und verstaubte Dachtreppe hochzusteigen, scheut er. Er lernt sein Haus so nie aus der Perspektive des Daches kennen. Der eigenen Glaubenstradition auf das Dach steigen? Für Peter Modler keine Frage, sondern eine Grundhaltung: »*Allerdings gehörte es für die Aktivisten aus dem politischen Widerstand damals zu einer ihrer Grundüberzeugungen, dass man sich selbst um Wahrheit kümmern muss, wenn man sie wirklich finden will. Sie liegt nicht herum, man stolpert nicht darüber, man muss sie suchen.*«

Mit dieser Haltung geht er auf Entdeckungsreise und erschließt dem Leser so viele Erkenntnisse und Lebensweisheiten. Sei es, dass die eigene Entscheidung für eine Glaubenstradition Voraussetzung ist, um sich auf einen geistigen Weg zu begeben. Oder dass ökumenischer Dialog leidenschaftliches Interesse an der eigenen Tradition voraussetzt. Er plädiert für die kindliche Erziehung zur Religion, denn das spätere Verstehen setzt den vorherigen Vollzug voraus. Präzise stellt er fest, dass ein Merkmal von Fundamentalisten aller Religionen ihre Geschichtsvergessenheit ist.

Mit klarem Blick schaut er auf die Schatten, Schwächen und Missbräuche innerhalb der christlichen Tradition. Schon die Apostelgeschichte und apostolischen Briefe berichten von Streitereien, Konflikten und Brüchen innerhalb der ersten Christen. Knapp und nüchtern beschreibt er Aspekte wie die Verfolgung Andersdenkender oder wenn das Kirchenrecht unbarmherzig durchgesetzt wird. Dabei fragt er sich: »*Aber wie viel Unschuld und Reinheit muss ich eigentlich vorab von einer Tradition verlangen können, um mich auf sie einzulassen?*«

Seine persönliche Antwort ist die eines gereiften Erwachsenen: dass nur der ungeschönte Blick auf die Historie der eigenen Tradition, wo die Höhen und Tiefen untrennbar miteinander verbunden sind, diese aus der Enge in die Weite führt, wo sie dann ihre begeisternde Lebenskraft entfalten kann.

Sich auf eine Tradition einzulassen, bedeutet auch, sich an eine Kirche zu binden – mit allen ihren Eigenheiten. Für die katholische Kirche etwa die ausgeprägte Hierarchie, über die viel geschimpft und gelästert wird. Peter Modler hat hierzu eine andere Haltung und zitiert einen Benediktinerabt: »*Es wird nicht nur der Mönch durch das Verhalten des Oberen geprägt, sondern auch der Obere durch das Verhalten der Brüder. Die Brüder tragen so auch Verantwortung dafür, wie der Obere ist und wird und wirkt.*«

Sich verantwortlich fühlen für eine behäbige Tradition, die einem viel Geduld angesichts deren Ecken und Kanten abfordert? »*Viele Christen kommen mir heute vor wie quengelnde Kinder an der Kasse, denen keiner vorher gesagt hat, dass man nicht sofort alles bekommt. Wenigstens in der Kirche wird man doch alles haben dürfen!*« Kindlicher Glaube wird sich enttäuscht abwenden, Peter Modler plädiert für ein Bleiben, da ja Veränderung einer Tradition seine Zeit benötigt. Geduldig mitzuwirken und es auszuhalten, dass man das Ergebnis seines Wirken vielleicht gar nicht mehr erlebt. »*Damit stelle ich mich in die Reihe derer, die die Fehler der Tradition von innen zu überwinden versuchen. Ich tue das nicht aus blindem Gehorsamszwang, sondern weil ich davon ausgehen darf, dass es immer noch einen Überschuss an Befreiungskraft gibt.*«

Auf knapp über 100 Seiten macht der Autor in kurzen prägnanten Kapiteln Lust, diese Kraft der christlichen Tradition zu erkunden. Eine Erkundungsreise, die auch nicht (römisch-) katholische Christen mitgehen können, denn die von ihm aufgeworfenen Fragen betreffen alle Konfessionen.   *Christian Schmidt*

Karl-Adolf Bauer, Gemeinschaft der Heiligen – Kommunismus der Liebe. Leben aus dem Abendmahl bei Martin Luther, Freimund-Verlag, Neuendettelsau 2016, 142 S., 10,80 Euro. ISBN 978-3946083146

Unter den zahlreichen Veröffentlichungen zum Reformationsjubiläum 2017 ist Karl-Adolf Bauers Büchlein ebenso wichtig wie außergewöhnlich. Der langjährige Rektor des Pastoralkollegs der rheinischen Kirche, seit langem auch verantwortlich tätig im Rahmen der Kirchlichen Arbeit Alpirsbach und der Internationalen Ökumenischen Gemeinschaft (IEF), unternimmt es in dem schmalen Band, Luthers berühmten Abendmahlssermon aus dem Jahr 1519, »Von dem hochwürdigen Sakrament des heiligen wahren Leichnams Christi und von den Bruderschaften«, für unsere Zeit auszulegen. Die vielleicht etwas irritierende Titelformulierung »Kommunismus der Liebe« nimmt eine Wendung des Erlanger lutherischen Theologen Paul Althaus aus den 1920er Jahren auf und markiert damit die ekklesiologische Zielrichtung der Auslegung von Karl-Adolf Bauer: Die Kirche als die im Credo genannte und bekannte »Communio Sanctorum« ist wesentlich eucharistische Gemeinschaft. Durch Christi Hingabe nicht nur ermöglichte, sondern genauso verwirklichte Gemeinschaft, durch den Empfang Seines Leibes und Blutes bleibend und doch immer wieder neu konstituiert. Diese Gemeinschaft lebt in gegenseitiger Hingabe und Solidarität ihrer Glieder aneinander und sie lebt im »Dienst für die Welt«, die ebenso lokale wie globale Umgebung, in welche sie, die Gemeinschaft der Heiligen, hineingestellt ist. Wenn Althaus in den 1920er Jahren in Auseinandersetzung mit dem Sozialismus und Kommunismus seiner Zeit diesen einen christlichen »Kommunismus der Liebe« entgegensetzte, wollte er die Gemeinschaft aus gegenseitiger liebevoller Hingabe abgrenzen von einem Kommunismus des »Gesetzes«, der seinen Antrieb aus dem mit dialektischer Notwendigkeit sich entrollenden gewalttätigen Prozess der Weltgeschichte bezieht.

Karl-Adolf Bauer betont, wie Luther in der Hochschätzung der eucharistischen Communio grundlegende biblische und altkirchliche Motive aufnimmt. Von daher ergibt sich ein Bild von Reformation, das deutlich unterschieden ist von demjenigen, das im Zentrum des »offiziellen« Reformationsjubiläums steht, wo Luther als Vorkämpfer für neuzeitlichen Individualismus, pluralistische Demokratie und Gewaltenteilung gezeichnet wird. Der Luther des Abendmahlssermons ist dagegen zutiefst vormodernen Denkformen verpflichtet, bekennt natürlich die Gegenwart Christi mit Leib und Blut in den eucharistischen Gaben von Brot und Wein, betont die konstitutive Bedeutung des stellvertretenden Sühneleidens Christi am Kreuz, seine leibhafte Auferstehung. Nun zeigt sich aber, dass genau diese »mittelalterliche« Gestalt der Theologie Luthers höchst konstruktiv in die sozialen und politischen Dissonanzen unserer Zeit hineinspricht. Anschaulich rekonstruiert Karl-Adolf Bauer die »dreifache Christusgemeinschaft« in der Eucharistie: »*Da ist einmal die Christusgemeinschaft in Seinem Wort und Sakrament. Da ist zum anderen die Christusgemeinschaft, die wir raum- und zeitübergreifend in der Gemeinschaft mit allen Christenmenschen erfahren, in denen seine tragende und sorgende Macht leibhaftig Gestalt gewinnt, sofern sie selber von ihm leben. Und da ist schließlich die Christusgemeinschaft, die er uns in der Begegnung mit seinen armen und elenden Geschwistern gewährt. Diese dreifache Gemeinschaft mit dem einen Christus, der uns in dreifacher Gestalt begegnet, sprengt unsere Selbstgenügsamkeit auf und versetzt unser Christenleben und die ganze Kirche Jesu Christi in Spannung.*« (S. 56f.)

Eindrücklich und in Aufnahme der ökumenischen Communio-Ekklesiologie expliziert Karl-Adolf Bauer die ethischen Konsequenzen, die sich ergeben, wenn die Kirche ihre eucharistische Fundierung wirklich an- und übernimmt. Die gegenwärtig grassierende Konzentration auf Strukturfragen und der Verschleiß der Kräfte in der Selbstadministration haben in dieser eucharistischen Ekklesiologie keinen Raum. Das Buch ist in einer höchst zugänglichen, klaren Sprache geschrieben, es eignet sich sehr gut zur gemeinsame Lektüre in Kirchenvorständen und Hauskreisen. Die am Ende des Buches angefügten Anmerkungen sind aber Hinweis darauf, dass diese kleine Schrift aus einer jahrzehntelangen Beschäftigung mit dem Thema erwachsen ist. Viele grundlegende Arbeiten der liturgischen Erneuerung, die zum heutigen Evangelischen Gottesdienstbuch geführt haben, werden zitiert. Die Lutherforschung wird breit aufgenommen, als wesentliche Referenzpunkte seien nur die die klassischen Arbeiten von Hans-Joachim Iwand und Oswald Bayer genannt. Hilfreich ist es, dass Luthers Abendmahlssermon in der Textfassung der Inselausgabe (übersetzt von Karin Bornkamm und Gerhard Ebeling) beigefügt ist und so die Lektüre des Originals erlaubt. Insgesamt hat Karl-Adolf Bauer eine tiefgründige Besinnung auf die Mitte reformatorischer Theologie vorgelegt, der viele Leserinnen und Leser zu wünschen ist. *Roger Mielke*

Adressen

Wolfgang Burggraf M.A., Endenicher Str. 41, D-53113 Bonn •
Notar Gunther Dilling, Friedrich-Ebert-Straße 24, D-55276 Op-
penheim • Pfarrer Johannes Halmen, Tabakswiese/M. Voda 20,
RO-545400 Sighisoara/Schäßburg • Pfarrer Dr. Florian Herr-
mann, Friedhofstraße 1, D-95176 Konradsreuth • Pfarrer Dr.
Frank Lilie, Baunsbergstraße 18, D-34131 Kassel • Bischof em.
Dr.Hartmut Löwe, Viktoriastraße 4, D-53173 Bonn • Pfr. Axel
Mersmann, Eschenstraße 21, D-42855 Remscheid • OKR Dr.
Roger Mielke M.A., Kunosteinstr. 5, D-56566 Neuwied/Kir-
chenamt der EKD, Herrenhäuser Str. 12, 30419 Hannover •
Pastor i.R. Herbert Naglatzki, Hans-Mertens-Str. 45, D-30655
Hannover • Ltd. Militärdekan i.R. Horst Scheffler, Konrad-Ade-
nauer-Str. 10, D-55270 Zornheim • Dipl. Ing Christian Schmidt,
Augustastr. 6, D-51065 Köln • Pfarrer Dr. Harald Ulland,
Kockskamp 22, D-41366 Schwalmtal

*Das Thema des nächsten Heftes
wird »Erwartung« sein.*

Quatember
Vierteljahreshefte für Erneuerung und Einheit der Kirche

Herausgegeben von
Frank Lilie, Sabine Zorn und Matthias Gössling im Auftrag
der Evangelischen Michaelsbruderschaft, des Berneuchener
Dienstes und der Gemeinschaft St. Michael

Schriftleitung
Roger Mielke
in Verbindung mit Sebastian Scharfe

Manuskripte bitte an:
OKR Dr. Roger Mielke · Kunosteinstr. 5 · 56566 Neuwied,
Telefon (01 51) 15 19 81 35, roger.mielke@ekd.de.

Edition Stauda
Evangelische Verlagsanstalt GmbH, Leipzig
81. Jahrgang 2017, Heft 3

Impressum

QUATEMBER

Mitglieder der Evangelischen Michaelsbruderschaft, der Gemeinschaft St.
Michael sowie des Berneuchener Dienstes richten ihre Bestellungen ebenso
wie alle Änderungen nur an ihre jeweilige Gemeinschaft.

Nichtmitglieder richten ihre Bestellungen ebenso wie alle Änderungen nur
an den Bestellservice oder an den Buch- und Zeitschriftenhandel. Abos können zum Jahresende mit einer Frist von einem Monat beim Bestellservice
gekündigt werden.

Abos können zum Jahresende mit einer Frist von 1 Monat beim Bestellservice
gekündigt werden.

Vertrieb: Evangelische Verlagsanstalt GmbH · Blumenstraße 76 · 04155 Leipzig

Bestellservice: Leipziger Kommissions- und Großbuchhandelsgesellschaft
(LKG) · Frau Nadja Bellstedt · An der Südspitze 1–12 · 04579 Espenhain
Tel. +49 (0)3 42 06–6 52 56 · Fax +49 (0)3 42 06–65 17 71
E-Mail: nadja.bellstedt@lkg-service.de
Einzelheft: € 7,50, Jahresabonnement: € 28,00 jew. inkl. Postgebühr

Cover: Kai-Michael Gustmann, Leipzig
Satz und Druck: MHD Druck und Service GmbH, Herrmannsburg

© 2017 by Evangelische Verlagsanstalt GmbH · Leipzig
Printed in Germany

ISSN 0341-9494 · ISBN 978-3-374-05283-7
www.eva-leipzig.de